Marion Zerbst / Werner Waldmann

Wie es im Zoo zugeht

Wie es im Zoo zugeht

Marion Zerbst
Werner Waldmann

Kinderbuchverlag Luzern

Die Deutsche Bibliothek – CIP-Einheitsaufnahme

Wie es im Zoo zugeht / Marion Zerbst ; Werner Waldmann. –
Aarau : Kinderbuchverl. Luzern, 1995
ISBN 3-276-00146-2
NE: Zerbst, Marion; Waldmann, Werner

Konzeption, Design und Produktion: WZ Media
Korrektur: Karl Beer
Satz: Bernd Hirschmeier
Fachberatung: Dr. Anton Brotzler, Uwe Fritz, Dr. Marianne Holtkötter, Dr. Lutz Plasa, Dr. Wolfram Rietschel
Bilder: Prof. Dr. Wilbert Neugebauer (1), Dr. Wolfram Rietschel (17), Heinz Scharpf (2), Klaus-Dieter Strauß (2), Werner Waldmann (86), Wilhelma Stuttgart (3)
Printed in Italy
Bestellnummer: 19 00146

Entdeckungsreise durch den Zoo

Sicher habt Ihr Euch im Zoo schon oft Fragen gestellt, auf die Eure Eltern auch keine Antwort wußten: Wo bekommt der Zoo eigentlich seine vielen Tiere her? Wie operiert man einen Elefanten? Und was passiert, wenn der wilde Gorillamann mal ausbricht?

Das alles erfahrt Ihr in diesem Buch. Wir möchten Euch zu einer spannenden Entdeckungsreise durch den Zoo einladen. Ihr begleitet den Tierarzt auf seinem Rundgang, steigt mit dem Reptilienpfleger ins Krokodilgehege und werft einen Blick in die Kinderstube kleiner Gorillababys. Ihr erfahrt, wie man Robben und Elefanten dressiert, wie man einen Löwen in Narkose versetzt und was Orang-Utans zum Frühstück bekommen. Wenn Ihr dann das nächste Mal in den Zoo geht, werdet Ihr ihn mit ganz anderen Augen sehen als bisher. Denn jetzt wißt Ihr, wieviel Arbeit und Mühe, wieviel Tierliebe und Aufopferung dahintersteckt, so einen Zoo mit seinen vielen Tieren Tag für Tag zu versorgen.

Inhalt

1

Reptilienpfleger: kein ungefährlicher Job 8

Keine Angst vor Alligatoren: Großreinemachen im Krokodilgehege • Eine Handvoll Krokodile: Nachwuchs im Terrarium • Schlangenfütterung: eine Arbeit mit Fingerspitzengefühl • Kobra & Co.: Was tut man bei einem Giftschlangenbiß?

2

Warum werden manche Zootiere dressiert? 16

Eigensinnige Dickhäuter • Wie dressiert man einen Elefanten? • Warum Gehorsam so wichtig ist • Wenn harte Schädel aufeinanderkrachen: ein Elefantenzweikampf • Dressurspaß mit See-Elefanten und Seelöwen

3

Das Aquarium: jede Menge Arbeit 28

Vollbad und Zahnbürste: Aquarienputzen ist kein Vergnügen • Wie kühlt man einen Pinguin? • „20 Liter Nordsee, bitte“: wie Meerwasser angerührt wird

4

Wo kommt das viele Futter her? 36

Ohne Tiefkühltechnik geht es nicht • Schwierige Kostgänger: Pandas und Koalas • Was Zootiere an einem Tag so alles fressen • Futtertierzucht: Ägyptische Wanderheuschrecken fressen alles kahl

5

Vorbeugen ist besser als heilen 48

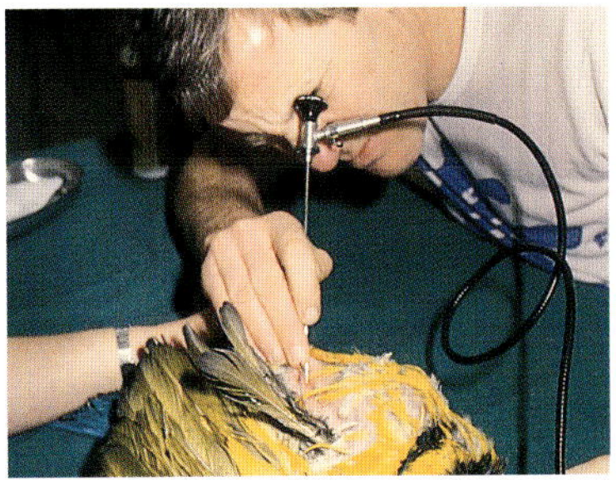

Alltag eines Zootierarztes: keine Minute Langeweile • Wie operiert man einen Elefanten? • Löwen mögen keine Narkose • Am liebsten sah er hübsche Frauen: Fernsehfreuden für einen kranken Gorilla • Als Wildschweinkeiler Rudi ausflippte

6

Woher bekommt der Zoo seine Tiere? 64

Nachwuchs: heute kein Problem mehr • Tausche Krokodilkaiman gegen Gelbhaubenkakadu • Eheanbahnung im Zoo • Ein Elefant geht auf Hochzeitsreise • Wie hält man die vielen Tiere eigentlich auseinander? • Kein Liebesglück für den Gelbbrustara

7

Unsere behaarten Brüder 70

Pfleger im Affenhaus: keine leichte Aufgabe • Eifersucht im Gorillakäfig • Fläschchen und Windeln für Orang-Utan-Babys • Nichts als Unsinn im Kopf: Gorillakinderstube im Wohnzimmer • Wenn Affen in die Trotzphase kommen

Reptilienpfleger: kein ungefährlicher Job

Es ist Mittwochmorgen. Die Krokodilhalle ist gesperrt. Vorn hängt ein Schild: „Wegen Reinigung geschlossen“. Mit Schrubber und Wasserschlauch bewaffnet, schwingt Harald Aberle, der Pfleger, sich über die Balustrade und steigt ins Gehege der beiden Australien-Krokodile hinunter.

Die Reptilien sind nicht sonderlich begeistert über diesen Besuch. Mit weit aufgerissenem Maul und drohendem Brüllen kriechen sie auf den Pfleger zu. Der fehlende Zeh am Fuß des einen Krokodils, den es bei einem Kampf mit seinem Gefährten eingebüßt hat, zeigt, daß mit diesen Tieren nicht zu spaßen ist.

„Ohne Schrubber würde ich mich da nicht `reintrauen“, grinst Harald Aberle. Vor dem Schrubber, mit dem er die Krokodile in Schach hält und von einer Ecke des Geheges in die andere treibt, haben sie

Das Alligatorenmännchen scheint die Dusche zu genießen.

Respekt und auch vor dem kräftigen Wasserstrahl aus dem Schlauch, den sie gar nicht mögen. Selbst wenn der Pfleger den Tieren während der Arbeit ab und zu den Rücken zukehren muß, dreht er sich immer wieder nach ihnen um; denn sie merken es sofort, wenn er sie einmal aus den Augen verliert, und könnten ihn dann leicht überraschend angreifen.

In freier Natur würden die beiden Krokodile jetzt die Flucht ergreifen; denn Australien-Krokodile sind sehr scheu und haben Angst vor dem Menschen. Aber im Zoo ist das anders: Sie betrachten das Gehege als ihr „Revier", das sie gegen Eindringlinge verteidigen müssen. Deshalb sind Zootiere oft aggressiver als Tiere in freier Wildbahn.

Abends stimmen sie manchmal ein ohrenbetäubendes Gebrüll an: Alligator (oben), Krokodilkaiman (Mitte), Australien-Krokodil (unten).

Füttern kann Harald Aberle die Krokodile auch von oben, indem er ihnen die Futtertiere – eine Taube, einen Fisch oder eine Ratte – einfach zuwirft. Doch die Gehege, die voller abgefallener Blätter sind, lassen sich von oben nicht gründlich genug reinigen; ihnen muß man schon mit Schlauch und Schrubber zu Leibe rücken. Bei den größeren, gefährlicheren Krokodilen kann Harald Aberle einen Teil des Geheges durch eine Schiebetür abtrennen. Er treibt die Tiere einfach mit Schrubber und Wasserschlauch in diesen Teil des Geheges und schließt die Schiebetür; dann kann er ungestört saubermachen. Aber bei den kleinen Australien-Krokodilen und bei den Alligatoren, die nicht ganz so aggressiv sind, gibt es eine solche Vorrichtung nicht.

Nicht immer läuft bei der Säuberung der Gehege alles so reibungslos ab wie heute: Vor einigen Jahren wurde Harald Aberle vom Alligatorenweibchen in den Fuß gebissen. Oft allerdings sind die Zoobesu-

Freudiges Ereignis im Terrarium: Die kleinen Krokodilkaimane sind geschlüpft.

cher noch schwieriger in Schach zu halten als die Krokodile: Obwohl überall Verbotsschilder stehen, werfen sie immer wieder Münzen und andere kleine Gegenstände ins Krokodilgehege hinein, die Harald Aberle dann mühsam wieder aufsammeln muß. Zweimal ist es schon vorgekommen, daß Alligatoren solche Gegenstände fraßen und elend daran zugrunde gingen.

Und manchmal lassen sich die Zoobesucher auch noch viel haarsträubendere Dinge einfallen: „Einmal", erzählt Harald Aberle, „stieg ein Vater mit seinem Sohn ins Alligatorengehege hinunter und spazierte seelenruhig darin auf und ab, um ihm die Tiere aus allernächster Nähe zu zeigen. Zum Glück haben die Alligatoren den beiden nichts getan. Vielleicht waren sie einfach zu starr vor Erstaunen über so viel Dummheit..."

Zur Zeit gibt es Nachwuchs bei den Krokodilen: Vor ein paar Wochen sind fünf kleine Krokodilkaimane geschlüpft. Mit geübtem Griff holt Harald Aberle sie aus ihrem Gehege. Obwohl die Tiere erst knapp dreißig Zentimeter lang sind, wissen sie sich schon zu wehren: Sie zappeln und quietschen, und eines beißt Harald Aberle gleich zur Begrüßung in den Finger.

In freier Natur bauen die Krokodile Nisthügel aus Laub und Ästen, in die sie ihre Eier legen. Durch die Sonne wird es in dem Nisthügel dann so warm, daß die Eier von selbst ausgebrütet werden. Die Mutter hält sich in der Nähe des Hügels auf und kriecht ab und zu darüber, um festzustellen, ob die Kleinen schon zum Schlüpfen bereit sind. Das merkt sie daran, daß die jungen Krokodile, sobald sie sie hören, zu quietschen anfangen. Dann gräbt die Mutter den Hügel auf und legt die Eier frei.

In diesen Brutschrank werden die Krokodileier gelegt.

Im Zoo geht das nicht, denn im Krokodilgehege würde so ein Hügel wegen der fehlenden Sonne nie warm genug werden. Deshalb nimmt Harald Aberle den Krokodilen die Eier weg und legt sie in einen Brutkasten. Dort müssen sie drei Monate lang bei einer Temperatur von 28 Grad liegen.

Daß der Zeitpunkt zum Schlüpfen herangenaht ist, merkt Harald Aberle daran, daß die kleinen Krokodile bei jeder Erschütterung (zum Beispiel, wenn er die Tür des Brutkastens öffnet) in ihren Eiern zu quieken beginnen, so wie sie es in freier Natur tun, um ihre

Zähne auf Vorrat

Wenn bei uns Menschen im Alter so allmählich die Zähne ausfallen, müssen wir uns eine Prothese anfertigen lassen. Krokodile haben das nicht nötig. Sonst müßte es in ihrer Heimat – an den Flüssen von Amerika, Afrika und Australien – viele Zahnärzte geben! Denn es kommt oft vor, daß ein Krokodil sich mal einen Zahn ausbeißt, daß Zähne sich abnützen oder bei einem zu wilden Kampf mit einem Nebenbuhler auf der Strecke bleiben. Für ein Krokodil überhaupt kein Problem! Denn darunter, im Zahnfleisch, wartet schon der Ersatzzahn, und der wächst dann sofort nach. Man vermutet, daß so ein Krokodil im Laufe seines Lebens etliche hundert Zähne verschleißt.

Mutter auf sich aufmerksam zu machen. Aber den spannenden Augenblick, in dem die Tiere aus den Eiern kriechen, erlebt er meistens nicht mit, weil Krokodile nur nachts schlüpfen. In der Regel findet er die Tiere morgens neben ihren Eierschalen und bringt sie dann in ihr Gehege.

Ähnlich spannend – und auch nicht immer ganz ungefährlich – ist die Pflege der Schlangen. Auch ihre Gehege müssen täglich gereinigt werden – was bei den Giftschlangen natürlich nicht so einfach ist. Relativ ruhige Bodenschlangen wie die Klapperschlangen hebt Harald Aberle mit dem Schlangenhaken in der Mitte hoch und legt sie in den hinteren Teil ihres Geheges; dann füllt er ihren Wassernapf und spritzt die Pflanzen mit dem Schlauch ab.

Schwieriger ist die Sache bei giftigen Baumschlangen, die den Pfleger überraschend anspringen und beißen können. Bei den Gehegen solcher Schlangen befindet sich hinter der Glasscheibe sicherheitshalber noch ein Schieber. Der Pfleger öffnet zunächst

So sehen die Schlangengehege von hinten aus.

Der Schlangenbeschwörer: Harald Aberle weiß, wie man mit Reptilien umgeht.

die Glasscheibe; den Schieber hebt er erst hoch, wenn er sicher ist, daß die Schlange ihm nicht gefährlich werden kann. Wenn sie zum Beispiel in einem Baum sitzt, von wo aus sie ihn leicht anspringen könnte, tut er es nicht.

Zu den Boas und Pythons, die ihre Beutetiere umschlingen und erdrücken, geht Harald Aberle ins Gehege hinein, wenn es gereinigt werden muß. Er kennt diese Schlangen schon seit Jahren, weiß, wie sie reagieren, und könnte sich bei einem Angriff schon noch rechtzeitig in Sicherheit bringen.

Ein wenig Herzklopfen hat er nur bei der Fütterung junger Giftschlangen. Schlangen sind „schlechte Esser" und nehmen Futter manchmal nicht an. Das entspricht ihren Lebensumständen in freier Natur, wo sie oft monatelang gar keine Nahrung erbeuten und ein „fetter Happen" dann lange Zeit reichen muß. Besonders heikel sind in dieser Hinsicht die jungen Schlangen; sie müssen häufig mit einer Magensonde – einem

Im Umgang mit Klapperschlangen ist Vorsicht geboten – sie sind lebensgefährlich giftig.

dünnen Schlauch, der durch den Rachen in den Magen hinuntergeführt wird – zwangsgefüttert werden. Dabei kann es leicht passieren, daß eine Schlange auch einmal zubeißt – und ihr Gift ist bereits genauso gefährlich wie das ausgewachsener Schlangen.

Für den Fall eines Schlangenbisses hat der Zoo bestens vorgesorgt.

Deshalb muß ein Zoo grundsätzlich Seren sämtlicher Giftschlangen bereithalten, die in dem Zoo gepflegt werden. Zur Herstellung eines Serums wird die Giftschlange „gemolken", das heißt, sie wird zum Biß gereizt und das Gift in einem Glas aufgefangen. Als nächstes wird das Schlangengift in geringer Dosis einem Pferd injiziert. Der Körper des Pferdes wehrt sich gegen das Gift; er bildet Antikörper dagegen. Aus diesen Antikörpern im Blut des Pferdes wird dann das Serum gewonnen, mit dem man von Giftschlangen gebissene Menschen behandelt. Die Seren werden in Schlangenfarmen im Ursprungsland der betreffenden Schlange hergestellt. Bei Kühlschranktemperatur hält so ein Serum drei bis vier Jahre. Aber selbst ohne Schlangen- und Krokodilbisse hat Harald Aberle kein leichtes Leben: Morgens fängt sein

Arbeitstag um sieben Uhr mit der Reinigung der Terrarien und dem Putzen der Scheiben an. Dann folgen Pflegearbeiten: Füttern, Versorgung von Jungtieren, Mülleimer leeren, Futternäpfe säubern und so weiter. Nachmittags um Viertel vor vier, wenn er Feierabend macht, ist er dann meistens fix und fertig. Das Leben eines Tierpflegers besteht nicht aus lauter spannenden Erlebnissen und ständigem beglückendem, engem Kontakt mit den Tieren, wie viele Leute sich das vorstellen, sondern ist in erster Linie harte Arbeit.

Nachts ziehen sich die Schlangen zum Schlafen in einen Kasten hinter dem Gehege zurück.

Oft hat Harald Aberle auch Wochenenddienst; denn die Tiere müssen jeden Tag versorgt werden, und außer ihm gibt es nur noch einen weiteren Pfleger, der sich mit Reptilien auskennt. Da bleibt nicht viel Zeit für Hobbys und Familie. Und selbst an einem freien Wochenende kann es ihm passieren, daß plötzlich das Telefon klingelt und er zu Hilfe gerufen wird, weil irgendwo eine Giftschlange ausgerückt ist. Denn viele Leute halten zu Hause Schlangen, ohne sich im Umgang mit den Tieren auszukennen; sie finden es einfach „schick", eine Pythonschlange oder Kobra im Terrarium zu haben. Wenn dann mal etwas schiefgeht, muß Harald Aberle in Aktion treten.

Trotz allem liebt er seine Arbeit. Tierpfleger war schon immer sein Traumberuf; er nahm sogar eine zweijährige Wartezeit in Kauf, bis er seine Lehre im Zoo beginnen konnte. Während seiner dreijährigen Lehrzeit mußte er in allen Revieren des Zoos arbeiten – von den Insekten bis zu den Elefanten – und erhielt nebenher noch regelmäßig Unterricht, in dem er alles über Zootiere, ihr Verhalten und den richtigen Umgang mit ihnen lernte. Bei den Reptilien ist er dann schließlich hängengeblieben, weil ihn diese Tiere am meisten faszinierten. Krokodile sind seine Leidenschaft; sogar seinen Urlaub verbringt er meistens in tropischen Ländern und geht auf „Krokodiljagd" – natürlich nur mit der Kamera.

2 Warum werden manche Zootiere dressiert?

Elegant hebt Elefantendame Zella den rechten Fuß, um Volker Scholl aufsteigen zu lassen. Und dann geht es im gemächlichen Elefantentrab quer durch den ganzen Zoo, vom Bärengehege bis zu den Antilopen. Wie ein indischer Maharadscha thront der Pfleger auf dem Nacken des Tieres und gibt seine Kommandos. Und der Elefant folgt aufs Wort.

Das Fußheben funktioniert auf Kommando.

Jeden Morgen um acht, wenn er den Stall ausgemistet und die Elefanten ausgiebig mit dem Wasserschlauch abgespritzt hat, macht Volker Scholl mit seinen Tieren so einen Morgenspaziergang. Um diese Zeit sind noch keine Besucher da, die sich über diese ungewöhnliche Elefantenprozession wundern oder vielleicht sogar Angst bekommen könnten. Nur die Tiere schauen mit großen, erstaunten Augen zu; manche kommen sogar neugierig an die Umzäunung ihres Geheges.

Auf einer Wiese neben der Antilopenanlage, wo viele lose Äste und Zweige herumliegen, macht Volker Scholl halt. Jetzt bekommen die Elefanten „Arbeit": Mit dem Rüssel müssen sie Baumstämme bewegen und hin und her rollen. Dieses morgendliche Training ist gesund für die Tiere und macht ihnen offensichtlich auch Spaß.

Allerdings steckt dahinter harte Arbeit: Denn daß die Elefanten dem Pfleger gehorchen, ist keine Selbstverständlichkeit. Allein das Anheben des Fußes mußte

Riech- und Tastorgan und Werkzeug zugleich: der Rüssel.

Elefantenritt quer durchs Zoogelände.

lange und geduldig geübt werden: Anfangs hebt der Pfleger den Elefantenfuß mit der Hand oder dem Stock leicht an und gibt dazu das entsprechende Kommando. Hinterher bekommt der Elefant dann einen Apfel, ein Karottenstück oder Gemüse zur Belohnung – ganz so, als ob er den Fuß selber hochgehoben hätte. So bringt er mit der Zeit das Fußheben, den dazugehörigen Befehl und die Belohnung miteinander in Verbindung und lernt, die Anweisung des Pflegers zu befolgen.

Frühsport für Zella: eine willkommene Abwechslung im Elefantenalltag.

Es gibt auch noch andere Dinge, die die Elefanten auf Kommando beherrschen: beispielsweise Hinlegen, Aufstehen und Stehenbleiben. Es ist wichtig, daß sie bestimmte Befehle ihres Pflegers verstehen und befolgen – sonst wäre der tägliche Umgang mit diesen riesigen Tieren gar nicht möglich. Zum Beispiel kommen bei Elefanten manchmal Fußverletzungen vor: Es kann passieren, daß ein Zehennagel einreißt oder ein Elefant sich einen Stein in die Sohle tritt und die Wunde anfängt zu eitern. Solche Verletzungen sind häufig sehr langwierig und müssen jeden Tag behandelt werden. Das geht aber nur, wenn der Elefant stillhält und auf Kommando den Fuß hebt.

Gehorsam ist auch wichtig, wenn die Elefanten abends vom Freigehege wieder in ihren Stall getrieben werden, weil der Pfleger sie dann an den Füßen anketten muß. Sonst könnte es nachts leicht zu Rempeleien und Raufereien zwischen den Elefanten kommen – denn so gutmütig und friedfertig, wie sie aussehen, sind sie nicht immer. Wie bei allen Tieren – und beim Menschen ja schließlich auch – kommt es zwischen ihnen immer wieder zu Machtkämpfen und Reibereien. Manchmal treiben sie es sogar so bunt, daß der Pfleger eingreifen muß. Er hat seine Tiere ständig im Auge, und wenn er sieht, daß zwei Elefanten den Rüssel heben und gegeneinanderdrücken und sich gegenseitig wegzuschieben versuchen, weiß er: Jetzt ist wieder eine Auseinandersetzung fällig. Kleinere Streitereien duldet er, denn die Tiere müssen ihre Aggressionen ja auch ausleben. In freier Natur sind solche Kraftproben an der Tagesordnung; sie gehören einfach zum Elefantenleben dazu. Aber wenn ein Kampf zu heftig zu werden droht, spricht er ein Machtwort, und dann gehen die Streithähne gehorsam wieder auseinander.

Strengstens verboten sind solche Elefantenzweikämpfe allerdings dann, wenn die Pfleger sich bei den Tieren im Gehege befinden. Denn das wäre viel zu gefährlich: „Wenn zwei schwere Elefantenschädel aufeinanderknallen und der Pfleger zufällig

Mensch und Elefant: ein absolutes Vertrauensverhältnis.

Fußpflege spielt bei den Elefanten eine wichtige Rolle.

dazwischensteht, bleibt von ihm nicht viel übrig", sagt Volker Scholl. Er liebt seine Tiere; aber er achtet darauf, daß sie ihm gehorchen. In der Natur leben Elefanten in Herden zusammen, in denen eine genau festgelegte Rangordnung herrscht: Es gibt eine Leitkuh, der alle anderen gehorchen. Im Zoo muß der Pfleger die Rolle des „Oberelefanten" spielen. Alles andere wäre lebensgefährlich für ihn; denn so ein tonnenschweres Tier kann einen Menschen mit Leichtigkeit mit dem Rüssel umschlingen und quer durch den Elefantenstall werfen oder ihn unter seinen dicken Beinen zu Tode trampeln. Damit so etwas nicht vorkommt, muß Volker Scholl seinen Pfleglingen immer wieder klar und deutlich zeigen, daß er der Boß ist.

„Antiautoritäre Erziehung funktioniert bei Elefanten nicht", sagt er. „Die Tiere machen die Rangordnung unter sich ja auch durch Kämpfe aus. Auf die gleiche unmißverständliche Weise muß der Pfleger ihnen klarmachen, daß sie sich ihm unterordnen müssen. Ein Schlag mit dem Stock läßt sich da manchmal nicht

Vor der „Morgengymnastik" kriegen die Elefanten erst mal Futter.

vermeiden. Aber was ganz wichtig ist: Bald nach der Bestrafung schmusen wir wieder mit unseren Tieren, damit das Vertrauensverhältnis nicht leidet. Dann ist im Handumdrehen alles wieder vergessen."

Dickschädel brauchen eine starke Hand.

Volker Scholl hat eine sehr enge gefühlsmäßige Beziehung zu seinen Tieren: Wenn er morgens zu ihnen in den Stall kommt, warten sie schon auf ihn und freuen sich, ihn zu sehen. Dann wird erst einmal ausgiebig geschmust. Und die Elefanten beobachten ihren Pfleger genau und reagieren auf jeden Blick und jede Geste von ihm. Oft verstehen sie sich ohne Worte.

Sie merken es allerdings auch sofort, wenn er einmal eine Schwäche zeigt, und natürlich versuchen sie das dann auszunutzen. „Einmal", erzählt er, „hatte ich Grippe und fühlte mich gar nicht wohl, mußte aber trotzdem arbeiten, denn die anderen beiden Kollegen, die außer mir noch mit den Elefanten vertraut sind, waren nicht da. Mit fast 40 Grad Fieber schleppte ich mich ins Elefantenhaus. Die Tiere spürten sofort, daß ich nicht gut drauf war, und gleich fingen die kleinen Frechheiten an: Der eine nahm mir mit dem Rüssel den Besen weg, der andere wollte sich nicht auf Kommando hinlegen und so weiter." Erst nach einem energischen „Anpfiff" kehrte wieder Ruhe und Ordnung in die aufmüpfige Elefantenbande ein.

Es gibt auch Zoos, die bewußt auf die Elefantendressur verzichten. Sie wollen ohne Befehle und Bestrafungen auskommen, um nicht als „autoritär" kritisiert zu werden. Das hat allerdings große Nachteile: Die Elefanten machen dann nämlich nur noch das, was sie wollen – man kann sie nicht mehr anketten, kann bei Streitereien nicht mehr dazwischengehen, und vor allem kann man die Tiere überhaupt nicht mehr ärztlich behandeln, ohne sie zu narkotisieren. Dann muß ein Elefant wegen jeder kleinen Fußverletzung in Narkose versetzt oder zumindest mit starken Medikamenten ruhiggestellt werden – eine große Gefahr für das Tier.

Und natürlich kann dann außer den Pflegern auch niemand mehr zu den Tieren ins Gehege gehen, weil das zu gefährlich ist. Zu Volker Scholl kommen manchmal Gruppen blinder Kinder. Die läßt er dann zu seinen Elefanten, damit sie sie streicheln und betasten können. Für sie ist das die einzige Möglichkeit, sich überhaupt ein Bild von diesen Tieren zu machen. „Es ist immer ein Erlebnis für mich, die Freude in den Gesichtern dieser Kinder zu sehen", erzählt Volker Scholl, „und ich staune, wenn sie mir erzählen, was sie mit ihren Händen alles wahrnehmen – zum Teil Dinge, die mir selber noch nie aufgefallen sind, obwohl ich jeden Tag mit den Tieren zu tun habe. Ich bin froh, einen Beitrag dazu leisten zu können, daß Freude und Abwechslung in das Leben dieser Kinder kommt."

Auch Robben werden in Zoos häufig dressiert. Bei ihnen ist die Dressur mit der Fütterung verbunden – zum Beispiel bei den Seelöwen Bella, Biene, Tom und Susann. Schon kurz vor elf werden die vier unruhig und recken immer wieder erwartungsvoll die Köpfe aus dem Wasser. Denn sie wissen: Wenn

Wie wird man Tierpfleger?

Während der dreijährigen Ausbildung zum Tierpfleger muß man eine Menge lernen: zum Beispiel, wie man Tiergehege einrichtet und reinigt, wie man Futter beschafft und zubereitet und wie man die Tiere transportiert. Außerdem muß ein Tierpfleger wissen, wie Zootiere sich verhalten und wie man ein verwaistes Tierbaby aufzieht. Das wichtigste aber ist: Er muß ein Gespür für seine Tiere haben, muß merken, wenn irgend etwas mit ihnen nicht stimmt. Und er muß gut mit ihnen umgehen können. Nach seiner Ausbildung in verschiedenen Zoorevieren legt der Lehrling eine Facharbeiterprüfung ab und kann dann eine Stellung als Pfleger in einem Zoo annehmen. Aber das Revier und die Tiere kann er sich nicht immer aussuchen, denn so viele freie Stellen gibt es nicht.

Für einen Fisch tun die Seelöwen alles.

die Zuschauer anfangen, sich um ihr Becken zu scharen, ist bald Fütterungszeit.

Um Punkt elf Uhr erscheint ihr Pfleger, Heinz Scharpf, mit mehreren Eimern voller Fische auf der Felseninsel des Wasserbeckens. Sofort versammeln sie sich um ihn, und dann zeigen sie, zu was für akrobatischen Meisterleistungen sie imstande sind: Auf Kommando springen sie ins Becken und wieder auf die Insel; mit spielerischer Leichtigkeit machen sie „Männchen" und fangen Fische, die Heinz Scharpf ihnen quer durchs Becken wirft, treffsicher mit dem Maul auf. Und auch musikalisch haben die Seelöwen einiges drauf: Auf den Befehl „Sing ein Lied" bringen sie einen sehr melodischen Gesang zustande.

Nur Susann will heute nicht so richtig. Sie hat ihren eigenen Kopf: Statt auf Kommando auf die Felseninsel zu kommen, schwimmt sie lieber noch eine Runde. Erst als Heinz Scharpf ihren drei Gefährten ein paar Fische zugeworfen hat, bequemt sie sich an

Land, um auch noch einen abzubekommen. Aber ein paar Minuten später tanzt sie schon wieder aus der Reihe: Statt auf ihrem angestammten Platz auf die Belohnung zu warten, setzt sie sich kurzerhand woanders hin. Felsen ist Felsen; mal sehen, ob es auch so geht... denkt sie sich wahrscheinlich. Aber da macht Heinz Scharpf nicht mit: „Susann, das ist nicht dein Platz", verweist er sie energisch, und bei der folgenden Fischverteilung geht sie prompt leer aus – mit dem Erfolg, daß sie nun doch reumütig auf ihren Platz watschelt.

Noch eindrucksvoller sind die Darbietungen des riesigen See-Elefanten Charly: Er kann auf Kommando „schön" machen, Laut geben, dem Pfleger zur Begrüßung die Flosse reichen und sich so weit hintenüberbeugen, daß man als Zuschauer befürchtet, er könnte jeden Augenblick das Gleichgewicht verlieren.

Der Höhepunkt der Dressurübung ist gekommen, als Charly seinen Namen erkennen soll: „Ich nenne jetzt

See-Elefant Charly macht „bitte, bitte".

viele verschiedene Namen", kündigt Heinz Scharpf an, „und du hörst sie dir alle an. Aber nur wenn ich Charly sage, gibst du Laut!"

Aufmerksam hört der See-Elefant sich die lange Litanei verschiedener Namen an. „Julia, Bella, Claudia, Sabine, Hans..." Und tatsächlich: Erst als der Name „Charly" fällt, läßt er ein tiefes Grollen hören.

Wie bringt man den Robben das bei? Und was tut man, wenn sie einmal nicht gehorchen?

Bei der Robbendressur läuft nichts ohne Belohnung. Für jede richtige Reaktion bekommen die Tiere einen Fisch. „Oft kommen Lehrer mit ihren Schulklassen zu mir", erzählt Heinz Scharpf, „und sehen sich die Robbendressur an. Und hinterher fragen sie mich ganz neidisch: ‚Ihre Tiere sind so gehorsam – wie machen Sie das nur? Meine Schüler haben immer bloß Unsinn im Kopf.' ‚Das ist ganz einfach', sage ich dann immer. ‚Das können Sie mit Ihrer Schul-

Auch „guten Tag" sagen kann der See-Elefant. Und den Eimer mit den Fischen möchte er am liebsten gar nicht mehr hergeben.

Trotz seines mürrischen Gesichts ist Charly eine Seele von einem See-Elefanten...

klasse genauso machen. Nehmen Sie jeden Tag einen Sack voller Fünfmarkstücke mit, und immer, wenn ein Schüler eine richtige Antwort gibt, werfen Sie ihm ein Fünfmarkstück zu. Ich bin überzeugt, daß Ihre Schüler dann innerhalb kürzester Zeit mucksmäuschenstill sind und aufs Wort gehorchen.'"

Da Heinz Scharpf seinen Tieren nur Dinge abverlangt, die sie auch in freier Natur tun würden, fällt es ihm nicht schwer, sie zu dressieren; man merkt den Seelöwen an, daß sie mit Spaß bei der Sache sind. Das ist Heinz Scharpf sehr wichtig: „Ich verwende bei meiner Show keine Requisiten", sagt er, „die Robben müssen keine Bälle auf der Nase balancieren oder sonst irgend etwas machen, was ihrem normalen Verhalten nicht entspricht. Ich zwinge sie zu nichts; ich nutze ganz einfach ihre natürliche Beweglichkeit und ihren Spieltrieb aus."

Aber auch das ist natürlich eine Fleißarbeit: Es bedarf langer Übung, bis die Tiere alle Kunststückchen aus dem Effeff beherrschen. Vor allem mit dem Kommando „Gib Laut“ hat Heinz Scharpf anfangs immer Probleme: Es ist nicht schwierig, den Tieren das „Lautgeben“ beizubringen, denn sie schreien auch in freier Natur. Bei der entsprechenden Dressurübung fördert der Pfleger dieses Verhalten dann einfach, indem er jeden Laut mit einem Fisch belohnt. Allerdings erreicht er damit zunächst nichts anderes, als daß der Seelöwe jetzt andauernd schreit – denn er will natürlich möglichst viele Fische bekommen. Der nächste Schritt – ihm beizubringen, daß er nur auf Kommando schreien darf – ist viel mühsamer. Aber irgendwann begreift er dann doch, daß er nur dann mit einem Fisch belohnt wird, wenn er auf Befehl sein „Lied“ singt; denn Robben sind sehr intelligente und lernfähige Tiere.

Im Gegensatz zu den Elefanten dressiert man die Robben nicht, um besser mit ihnen umgehen und ihnen in Notfällen helfen zu können. Die Robbendressur ist reiner Zeitvertreib – nicht nur für die Zuschauer, sondern auch für die Robben selber. Ein großer Teil der Beschäftigungen, die in freier Natur 75 Prozent der Zeit der Tiere in Anspruch nehmen, fällt im Zoo weg. Sie brauchen sich ihr Futter nicht mehr selber zu suchen oder Beutetiere zu erjagen, sondern bekommen ihre Nahrung vom Pfleger serviert. Sie brauchen sich auch nicht vor Feinden vorzusehen oder gar zu fliehen – im Zoo gibt es keine. Und auch um die Suche eines geeigneten Partners müssen sie sich nicht bemühen: Der Zoo übernimmt die „Eheanbahnung“ und führt die Partner, die er für richtig hält, einander zu. Bei so viel Service kommt – besonders bei den intelligenteren Tieren – leicht Langeweile auf. Deshalb ist die Frage: „Wie können wir unsere Tiere beschäftigen?“ eines der größten Probleme für den Zoo. Bei den Robben löst man das Problem durch die Dressur; den Elefanten bietet man deshalb morgens Auslauf und gibt ihnen außerdem, über den ganzen Tag verteilt, immer wieder belaubte Zweige ins Freigehege, an denen sie nagen können.

Zur Belohnung für seine Kunststückchen bekommt Charly jedesmal einen Fisch.

Das Aquarium: jede Menge Arbeit

Wahrscheinlich hat sich kaum ein Zoobesucher, der die hübschen bunten Fische in den schönen, sauberen, mit exotischen Gewächsen bepflanzten Schauaquarien bewundert, schon einmal gefragt, wie diese Wasserbecken denn wohl von hinten aussehen. Und kaum einer ahnt, was für eine Knochenarbeit die Pflege und Sauberhaltung dieser Aquarien ist.

Von hinten sieht das Ganze viel weniger schön aus als von vorn. Hinten sind die Becken oben offen, denn der Pfleger muß ja Zugang zu ihnen haben, um die Fische zu füttern und das Aquarium zu reinigen. Oft heißt es bis zu den Schultern ins Wasser hineingreifen, um die Becken sauber zu bekommen; und bei den größeren Aquarien ist sogar ein Vollbad angesagt: Da müssen die Pfleger zum Schrubben mit Wathosen ins Becken hineinsteigen. Fischkot und Futterreste machen viel Schmutz; und besonders

Faszinierende Unterwasserlandschaft: Nur die Pfleger wissen, wieviel Arbeit dahintersteckt...

So sehen die Schau-aquarien von hinten aus.

schlimm sind die Algen, die sich immer wieder an den Glasscheiben, Wänden und Einrichtungsgegenständen der Aquarien festsetzen. Die müssen manchmal in mühevoller Kleinarbeit sogar mit der Zahnbürste abgekratzt werden.

Außerdem muß der Pfleger das Wasser in den Aquarien regelmäßig wechseln. Das alte Wasser wird mit einem Schlauch abgesaugt und fließt in Gullys; aus Rohren wird frisches Wasser eingeleitet. Damit da keine Verwechslungen passieren, gibt es Rohrleitungen in drei verschiedenen Farben: Grau für Meerwasser, Rot für warmes Süßwasser, Grün für kaltes Süßwasser.

Hinten sind die Becken offen, damit der Pfleger sie reinigen und die Fische füttern kann.

Aber zum Glück läuft vieles im Aquarium auch automatisch ab, so daß sich der Pfleger nicht darum zu kümmern braucht – denn sonst hätte er einen Vierundzwanzig-Stunden-Tag. Wenig Mühe hat er zum Beispiel mit Beleuchtung, Heizung und Wasserfilterung. An jedem Becken hängen je nach Größe ein bis zwei Filter, durch die das Wasser hindurchfließt und

Im Keller des Aquariums sieht es aus wie in einem riesigen Wasserwerk.

gereinigt wird. Wenn das Wasser dann anschließend aus den Filtern wieder ins Becken zurückplätschert, wird es gleichzeitig mit Atemluft für die Fische angereichert. Auch die Beleuchtung läuft vollautomatisch: Das Licht in den Aquarien wird mit Hilfe von Zeitschaltuhren morgens zu einer bestimmten Zeit an- und abends wieder ausgeknipst.

Und die Heizung? Das ist gar nicht so einfach, denn natürlich brauchen die Fische unterschiedliche Temperaturen. Ein Südseefisch will es warm haben, während eine Fischart aus der Nordsee sich nur bei zwölf Grad so richtig wohl fühlt. Deshalb hat jedes Becken seine eigene Heizung; die Temperatur wird über Thermostate geregelt. Bei Aquarien, die gekühlt werden müssen, wird statt Warmwasser kaltes Quellwasser durch die Heizungsrohre geleitet, oder sie hängen sogar an einem Kühlmittelkreislauf.

Kühl wollen es auch die Pinguine haben, die arktische Temperaturen gewohnt sind und für die unsere heißen Sommer eine Qual wären. Deshalb sind in einem Raum der Aquarienabteilung Kühlaggregate untergebracht, die für angenehme Kühle im Sommerquartier der Pinguine sorgen. Hier herrscht hinter Glasscheiben Kühlschranktemperatur – also etwa 12 Grad. Die Tür vom Sommerquartier zum Freigehege ist an einen Temperaturfühler angeschlossen. Im Winter und an kalten Sommertagen öffnet sie sich automatisch, und die Pinguine strömen ins Freie. Doch sobald die Außentemperatur über 18 Grad ansteigt, müssen sie wieder zurück in ihren „Kühlschrank"; denn bei zu hohen Temperaturen würden die Vögel zu anfällig für Krankheiten. Dieses Sommerquartier mögen sie allerdings gar nicht so gern; der Pfleger muß sie schon energisch hineinschieben, und dabei merkt man, was für eine Kraft sie in ihren kleinen, gedrungenen Körpern haben und daß sie auch mit dem Schnabel ganz schön kräftig zuhacken können, wenn ihnen etwas nicht paßt.

Bei so viel Technik kann natürlich leicht mal etwas kaputtgehen. Etliche festangestellte Techniker und

Kühlschrank für Pinguine: Ihr Sommerquartier hat eine Temperatur von ungefähr 12 Grad.

Ersatzteillager im Keller.

Elektriker sind ständig damit beschäftigt, diese und andere technische Anlagen des Zoos zu überwachen und zu reparieren, falls einmal irgend etwas nicht funktioniert.

Und was passiert bei einem Stromausfall? Das wäre eine große Gefahr für die Tiere, denn dann würden natürlich auch die Kompressoren ausfallen, die die Filter und die Fische mit Luft versorgen, und in den Wasserbecken, die beheizt werden müssen, würde es viel zu kalt werden. Ein Massen-Fischsterben wäre die Folge. Deshalb sind alle lebenswichtigen elektrischen Anlagen des Aquariums (und natürlich auch anderer Tierhäuser) an ein Notstromaggregat angeschlossen, das automatisch anspringt, wenn der Strom einmal ausfällt. Außerdem hängen sie sicherheitshalber auch noch an einer Alarmanlage, die technische Defekte sofort meldet: Tagsüber heult eine Sirene auf, wenn etwas kaputtgeht; nachts zeigt der Computerbildschirm in der Dienststube des Nachtwächters eine Fehlermeldung, so daß er sofort einen Notdienst alarmieren kann, der der Sache

Wie kommt das Salz ins Meer? Die Aquarienpfleger wissen die Antwort: Sie schütten es selbst hinein.

dann nachgeht. Für das Wohl der Tiere wird kein Aufwand gescheut.

So ein Aquarium ist sehr platzaufwendig; denn außer den technischen Anlagen, den unzähligen Rohren, Heizungen und Pumpen, braucht man auch noch jede Menge Lagerräume. In einem Raum sind Steine und Korallenstöcke zur Dekoration der Schauaquarien aufgestapelt; in einem anderen lagern Ersatzgarnituren von Pumpen und anderen wichtigen technischen Geräten. Denn es kann leicht passieren, daß einmal so ein Gerät ausfällt, und da die Firmen, die sie herstellen, zum Teil wochenlange Lieferfristen haben, muß der Zoo vorsorgen.

Korallenstöcke zur Aquarien-Dekoration.

In einem dritten Raum liegen riesige Salzsäcke für die Meeresaquarien. Zoos, die in Küstennähe liegen, haben es leicht; sie können sich ihr Wasser direkt aus dem Meer beschaffen, reinigen und in die Aquarien einleiten. Für die weiter landeinwärts gelegenen Zoos ist das zu teuer. Deshalb müssen sie ihr Meerwasser selber anrühren: Verschiedene Salzarten, die

In diesem Becken wird das Meerwasser angerührt.

Buntschillernde Welt des Aquariums.

von Chemikaliengroßfirmen angeliefert werden, mischt man genau in der Zusammensetzung, in der sie auch im Meerwasser vorkommen. Dieses Wasser wird dann einen Tag lang umgewälzt, bis die Salze sich gelöst haben – und schon ist der Mini-Ozean fertig, in dem sich alle Salzwassertiere pudelwohl fühlen.

In einem Extra-Becken ist die Quarantänestation untergebracht. Denn die Hunderte verschiedener Fischarten, die ein Zoo hält, kann er natürlich nicht alle selber züchten. Deshalb werden viele Fische in Tierhandlungen oder anderen Zoos gekauft, und man steckt sie erst einmal für vier Wochen in Quarantäne – das heißt, in ein von den anderen Fischen abgetrenntes Becken –, um ganz sicherzugehen, daß sie auch keine Krankheiten einschleppen.

Wenn doch mal ein Fisch krank werden sollte, ist das in der Regel kein großes Problem. Denn Fische sind unkomplizierte Patienten: Die Medikamente,

Mit der Farbenpracht der Aquarien wäre es bald vorbei, wenn die Pfleger nicht ständig die Algen abkratzen würden...

die man anderen Tieren mühsam und hinterlistig in Nahrungsbreis einrühren oder in die Fleischration hineindrücken muß, damit sie nicht merken, was sie da schlucken, schüttet man den Fischen einfach ins Wasser. Sie nehmen die Arznei dann automatisch über die Kiemen auf. Und da bei Fischen sowieso hauptsächlich Parasitenerkrankungen vorkommen, ist es auch ganz sinnvoll, daß alle Fische in dem Becken das gleiche Medikament schlucken; denn wenn ein Fisch von einem Schmarotzer geplagt wird, steckt er damit im Handumdrehen auch alle anderen Aquariengenossen an.

4 Wo kommt das viele Futter her?

Von sechs Uhr morgens bis drei Uhr nachmittags hat Klaus-Dieter Strauß alle Hände voll zu tun. Denn als Futtermeister ist er dafür verantwortlich, daß alle Zootiere jeden Tag etwas zu fressen bekommen. Das ist keine ganz leichte Aufgabe, denn im Zoo gibt es Tiere aus allen Kontinenten und Klimazonen – und manche haben schon ziemlich ausgefallene Speisewünsche.

In einem Raum der Futterküche stehen nur lauter Silos mit über 50 verschiedenen Getreidesorten und Fertigfuttermischungen, die von Spezialfirmen für Vieh- und Zootierfutter angeliefert werden. Da gibt es Weizen, Gerste, Kleie, Haferflocken, Reis, Waldvogel-, Papageien- und Flamingofutter – und jede Menge „Preßlinge". Das sind Mischungen aus gemahlenen Grundnahrungsstoffen (Eiweiß, Kohlenhydrate, Mineralien und Vitamine), die für jede Tierart extra zusammengestellt und durch ein besonde-

Der Futtermeister Klaus-Dieter Strauß hat die Tagesration eines Zoos zusammengestellt.

res Verfahren zu kleinen Stückchen zusammengepreßt werden. Sie sehen so ähnlich aus wie Hundekuchen. Inzwischen gibt es solche Preßlinge oder Pellets schon fast für alle Zootiere: Sie sind praktisch, und wenn man sie verfüttert, hat man die Gewißheit, daß das Tier auch wirklich alles bekommt, was es braucht – und zwar genau in der richtigen Zusammensetzung.

Zusätzlich zu diesen Pellets wird aber auch noch viel Obst und Gemüse gefüttert, damit die Tiere genügend Ballaststoffe bekommen – und um Abwechslung in den Speisezettel zu bringen. Denn auch Tiere wollen nicht jeden Tag dasselbe fressen. Die Riesenmengen an Bananen, Tomaten, Äpfeln, Nüssen und Salat, die so ein Zoo täglich braucht, kann Klaus-Dieter Strauß natürlich nicht im Lebensmittelladen an der Ecke kaufen; denn dann wären die Regale innerhalb kürzester Zeit leer, und außerdem wäre das natürlich auch viel zu teuer. Deshalb geht er mit der Einkäuferin des Zoos, Dorothea Katz, einmal pro Woche morgens in aller Herr-

Was Zootiere in einem Jahr so alles fressen...

Obst: 129 615 kg
Blätter: 2000 kg
Gemüse: 70 000 kg
Kartoffeln: 18 920 kg
Weizen: 9000 kg
Heu: 276 000 kg
Brot: 3512 Stück
Traubenzucker: 600 kg
Honig: 415 kg
Babynahrung: 1400 kg
Pferdefleisch: 95 000 kg
Fische: 21 727 kg
Eier: 32 760 Stück
Und was glaubt ihr, wieviel Mist so ein Zoo im Jahr produziert? 6000 Kubikmeter – das entspricht einer Größe von 12 Einfamilienhäusern!

Klaus-Dieter Strauß teilt die Futterrationen zu.

gottsfrühe auf den Großmarkt. Zwischen den beiden herrscht eine sehr sinnvolle Arbeitsteilung: Er muß dafür sorgen, daß alles eingekauft wird, was die Tiere brauchen, und Dorothea Katz achtet darauf, daß nicht zuviel Geld ausgegeben wird und daß die Qualität stimmt. „Der beste Mann für diesen Job ist eine Frau" steht hinten auf ihrem Lieferwagen – und wenn man ihr zuschaut, glaubt man es ihr aufs Wort. Mit geübtem Griff fischt sie aus einer Kiste mit hundert Tomaten die einzige schimmelige heraus und hält sie dem Händler vorwurfsvoll unter die Nase. Prüfend klopft sie mit den Fingerknöcheln an die Wassermelonen. „Wenn es hohl klingt", erklärt sie, „ist die Melone frisch. Klingt es dagegen dumpf, darf man sie nicht nehmen; denn dann ist sie innen schon matschig und angefault." Gnadenlos handelt sie mit den Verkäufern, entdeckt mit unfehlbarem Instinkt die günstigsten Sonderangebote und weigert sich standhaft, die teuren Pfirsiche zu kaufen, die Klaus-Dieter Strauß für die Affen so gerne hätte. „Die kriegen wir in zwei Wochen sicherlich viel billiger", vertröstet sie ihn.

Obst und Gemüse kauft man auf dem Großmarkt; die Pellets (unten) werden von Futterfirmen geliefert.

Schwieriger wird es schon mit dem Laub für die vielen blätterfressenden Tiere. Denn das kann man nirgends kaufen – das müssen die Pfleger sich schon selber aus dem Wald holen. Die Förster rufen jedesmal im Zoo an wenn wieder ein paar Bäume gefällt worden sind. Vor allem Ahorn-, Linden- und Eichenlaub werden im Zoo verfüttert – eine beliebte Nahrung für Zebras, Antilopen, Gorillas und Schimpansen. Für den Winter muß das Laub in großen Plastikbeuteln abgepackt und in Kühlhallen gelagert werden, so wie Mutter zu Hause ihre Kräuter und Beeren einfriert. Nur natürlich in viel größeren Mengen: Ungefähr 1500 Beutel Laub braucht der Zoo für einen Winter! Da muß den ganzen Sommer über fleißig gesammelt werden.

Viele Tiere kann man überhaupt erst im Zoo halten, seit es unsere moderne Gefriertechnik gibt. So brauchen Nasenaffen zum Beispiel das ganze Jahr über frisches Laub. Früher starben sie in den Zoos immer schon nach ein paar Monaten, weil man das nicht wußte und es ihnen im Winter ja auch gar nicht hät-

Man braucht schon einen Lieferwagen, um die vielen Obst- und Gemüsekisten vom Großmarkt in den Zoo zu transportieren.

Eine wichtige Zootiernahrung: frisches Laub (oben)! Im Winter wird es eingefroren (unten).

te beschaffen können. Aber inzwischen haben die Zoos sich aufgrund langer Erfahrung und Forschungstätigkeit ein umfassendes Wissen über die Ansprüche sämtlicher Zootiere erworben; und moderne Techniken der Futterbeschaffung, -lagerung und -zubereitung machen mittlerweile – fast – alles möglich. Deshalb können heute die meisten Tiere problemlos im Zoo gehalten werden.

Laubfresser aus anderen Kontinenten kann man in der Regel auf die Blätter unserer heimischen Bäume umgewöhnen. Allerdings gibt es auch ein paar Tiere – sogenannte Futterspezialisten –, die auf Blätter einiger weniger Pflanzen spezialisiert sind und nichts anderes fressen: Der Bambus für den Großen Panda aus dem Berliner Zoo beispielsweise muß extra aus Südfrankreich eingeführt werden – keine billige Angelegenheit. Und die australischen Koalas kann man in europäischen Zoos überhaupt nicht über längere Zeit hinweg halten, weil sie sich ausschließlich von frischen Blättern bestimmter Eukalyptusbaumarten ernähren.

In der Futterküche wird die Tiernahrung auf die verschiedenen Reviere verteilt.

Da hat man es mit den Raubtieren schon einfacher. Sie bekommen hauptsächlich Pferdefleisch, weil das hochwertig und mager ist. Frisch geliefertes Fleisch wird schockgefroren und bei 20 Grad minus in der Kühlhalle gelagert. Vor der Verfütterung muß Klaus-Dieter Strauß die großen Stücke dann in kleine Portionen zersägen. Ein Pferd reicht allerdings nicht sehr lange: Allein die Raubkatzen fressen im Schnitt 80 Kilo Fleisch am Tag! (Ein Pferd liefert etwa 200 Kilo.)

Für Löwe und Eisbär ist Pferdefleisch eine Delikatesse.

Neben der Kühlhalle für das Fleisch gibt es auch noch einen Fischkühllagerraum mit Heringen, verschiedenen Süßwasserfischen, Krabben und Garnelen. Damit werden Robben, Krokodile und bestimmte Wasservögel und Fischarten gefüttert. Die Fische bekommt der Zoo von Großhandelsfirmen, Fischern und Angelvereinen; und für die Garnelen wagen sich drei Tierpfleger zwei- bis dreimal im Jahr sogar selber auf hohe See: Dann fahren sie mit einem Krabbenkutter auf die Nordsee hinaus. Die Garnelen werden gleich an der Küste eingefroren und eisgekühlt in den Zoo transportiert.

Klaus-Dieter Strauß ist für die Zuteilung des Futters an die einzelnen Zooreviere zuständig. In großen Wannen wird das Futter jeden Morgen um sechs Uhr an die Reviere ausgefahren. Dort beginnt dann erst die richtige Kleinarbeit: die Zubereitung des Futters. Jedes Revier hat einen eigenen kleinen Futterraum, wo Vogelfutter kleingeschnippelt, ein leckerer Frühstücksbrei aus Hafer, Preßlingen und Weizenkleie für die Elefanten angerührt oder die Reissuppe gekocht wird, die die Tapire so gern mögen.

Und wenn die Nahrungsmittel einmal ausgehen? Auch dafür ist vorgesorgt: Die Pfleger schreiben alles, was sie brauchen, auf Bestellscheine, die sie zweimal pro Woche beim Futtermeister abgeben. Mit den vielen Nachbestellungen ist die Einkäuferin, Dorothea Katz, ständig beschäftigt. Sie beschafft nicht nur das Futter, sondern auch alles andere, was ein Zoo so braucht: von Blumentöpfen über Gummistiefel und Putzmittel bis hin zu unzerbeißbaren Spezialbällen als Spielzeug für die Affen, die alles kaputtmachen, was nicht niet- und nagelfest ist.

Manche Futtertiere werden in so großen Mengen gebraucht, daß es für den Zoo praktischer ist, sie gleich selber zu züchten, statt sie einzukaufen. Beispielsweise weiße Mäuse, Ratten, Mehlwürmer, Grillen – und ägyptische Wanderheuschrecken, weil die sich bei einer künstlich erzeugten Bruttemperatur von 35 Grad schnell und leicht züchten lassen und vielen Tieren als Futter dienen: von der Spinne über Chamäleons und Vögel bis hin zum Menschenaffen. 300 bis 500 Tiere werden pro Tag verfüttert. Die Heuschreckenzucht macht viel Arbeit, denn als Futter für die Wanderheuschrecken muß man Weizenkeimlinge ziehen: In einem speziellen Keimraum werden Weizenkörner 24 Stunden lang in Wasser eingeweicht und anschließend zum Abtropfen und Vorkeimen auf ein Sieb gelegt. Elf Tage muß der Weizen nun in Kunststoff-Gitterkästen auf Zeitungspapier wachsen, bis er verfüttert wird. Eine mühevolle Arbeit, deren Ergebnis allerdings im Handumdrehen wieder verschwindet: Denn wenn die Heuschrecken mit vereinten Kräften über den Wei-

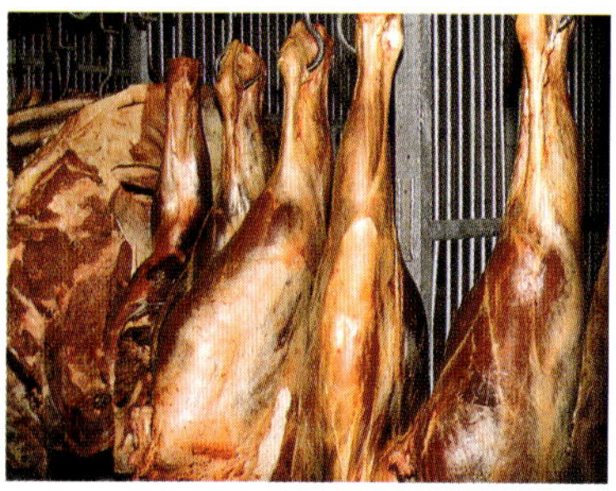

In der Futterküche des Zoos sieht es fast wie in der Speisekammer eines Restaurants aus!

Fressen Unmengen von Weizenkeimlingen, um anschließend selbst gefressen zu werden: die ägyptischen Wanderheuschrecken.

zen herfallen, ist davon schon nach ein paar Stunden nichts mehr übrig.

Insekten wie Heuschrecken, Grillen und Mehlwürmer werden lebend verfüttert. Ansonsten aber verbietet das Tierschutzgesetz die Verfütterung lebender Tiere. Es darf nur dann eine Ausnahme gemacht werden, wenn es absolut nicht anders geht – das heißt, wenn die Tiere die Nahrung in totem Zustand nicht annehmen würden. Das ist nur bei Spinnen und manchen Schlangen der Fall. Bei den Schlangen, die lebende Ratten und Mäuse bekommen, muß die Fütterung aber nach Dienstschluß, also außerhalb der Besuchszeiten, stattfinden, um die Zuschauer nicht zu schockieren. Eigentlich eine falsch verstandene Tierliebe – denn draußen in der Natur werden die Beutetiere ja schließlich auch lebend gefressen. Meist ist es ein kurzer, schmerzloser Tod. „Wir bekämpfen die Ratten doch auch überall als Schädlinge und legen Gift und Fallen für sie aus, und niemand findet etwas Schlimmes dabei", sagt der Futtermeister. „Also sollte man solche natürlichen Vor-

Auf der Futtertierstation werden Grillen, Ratten und Mäuse gezüchtet.

gänge auch nicht als ‚grausam' ablehnen. Es ist nicht grausam, wenn eine Schlange eine Maus fängt."

Den Zootieren geht durch diese Bestimmung, daß nur tote Tiere verfüttert werden dürfen, einiges verloren: zunächst einmal die Beschäftigung und Anregung, die mit der Jagd und dem Fang der lebenden Beute verbunden ist. Zum anderen sind in solch toter Nahrung natürlich auch längst nicht mehr so viele Vitamine und Mineralstoffe enthalten wie in lebenden Beutetieren – ein Mangel, der dann durch die Gabe von Tabletten künstlich wieder ausgeglichen werden muß.

Der andere Mangel – das Erlebnis des Beutefangs, das den Tieren im Zoo entgeht – ist schon etwas schwieriger auszugleichen. Einen Großteil ihrer Zeit und Energie verbringen Tiere in freier Natur mit der Jagd und Nahrungssuche. Wenn man ihnen das Futter im Zoo einfach immer nur „mundgerecht" servierte, würden sie bald träge und lethargisch werden – ein wichtiger Bestandteil ihres Lebens würde fehlen. Deshalb lassen sich die wissenschaftlichen Mitarbeiter in den Zoos schon einiges einfallen, um die Tiere bei der Fütterung nicht nur zu sättigen, sondern gleichzeitig auch zu beschäftigen. Den Brillenbären versteckt der Pfleger jeden Morgen kleine Häppchen in ihrem Gehege. Sie rennen dann aufgeregt schnüffelnd herum und schauen unter jedem Stein nach, ob sich nicht eine leckere Überraschung dort findet. Und manche Zoos installieren sogar „Beute-Simulatoren" für ihre Raubtiere: Die Fleischportionen für die Afrikanischen Wildhunde und für den Geparden – das schnellste Lauftier der Welt – werden an ein seilbahnähnliches Gerät montiert, das man dann mit einer Geschwindigkeit von 50 Stundenkilometern durch das Gehege zieht. Das bringt die Tiere auf Trab – und weckt den Jagdinstinkt, den sie sonst im Zoo nicht ausleben können.

Besonders wichtig sind solche „Beschäftigungstherapien" für intelligente Tiere wie beispielsweise die Menschenaffen, die sich sonst leicht langweilen würden. Diese Tiere werden bis zu neunmal am Tag

Der Pfleger füllt den Termitenstock (oben links). Nun beginnt für die Affen das große Stochervergnügen.

gefüttert – nicht etwa, weil sie so oft Futter brauchen, sondern damit sie beschäftigt sind. Und das Futter ist so beschaffen, daß sie damit eine ganze Weile zu tun haben: „Da bekommt zum Beispiel ein fünf Zentner schwerer Gorilla Hirsekörner zu fressen", erzählt Klaus-Dieter Strauß. „Der sitzt dann stundenlang da und holt sich genüßlich ein kleines Körnchen nach dem anderen."

Manche Zoos haben auch künstliche Termitenstöcke für ihre Menschenaffen angelegt: In freier Natur fischen die Affen gern mit Zweigen Termiten aus ihren Bauten. Wenn die Zweige nicht in die Löcher passen, streifen sie sogar die Blätter ab oder beißen die Zweige so lange zurecht, bis sie die richtige Größe haben – Affen sind sehr geschickte Werkzeugbastler. Im Zoo wird diese natürliche Situation nachgeahmt, indem man den Affen einen mit Joghurt gefüllten künstlichen Termitenbau ins Gehege stellt und dann Zweige verteilt. Eifrig fischen die Affen nach dem Joghurt und lutschen die Zweige anschließend genüßlich ab. Eine interessante Beschäfti-

Die beiden Straußenfamilien bei ihrem Morgenjogging.

gung – nicht nur für die Affen, sondern auch für die Zoobesucher, die sich jedesmal zur Fütterungszeit in ganzen Scharen um das Affengehege versammeln und gespannt zuschauen...

Mit „Beschäftigungstherapie" hat übrigens auch Klaus-Dieter Strauß schon ausgiebig Erfahrungen gesammelt: Vor ein paar Monaten wurden Straußenjunge eines Privatbesitzers beschlagnahmt, weil er sie nicht artgerecht gehalten hatte. Diese kleinen Vögel brauchten natürlich Bewegung – Strauße sind Laufvögel und können in freier Wildbahn eine Geschwindigkeit von 60 Stundenkilometern erreichen. Nun haben diese Vögel aber leider die Angewohnheit, immer einem Leittier hinterherzulaufen – das heißt, allein waren die Vögel nicht zum Laufen zu bewegen. Also stellte Klaus-Dieter Strauß sich kurzentschlossen selbst als „Leittier" zur Verfügung. Zusammen mit seinen beiden Söhnen, denen das natürlich einen Riesenspaß machte, joggte er von nun an täglich durch den Zoo, gefolgt von vierzehn gefiederten Namensvettern, die auf diese Weise endlich den nötigen Auslauf bekamen. Seine Söhne waren untröstlich, als die jungen Strauße dann nach ein paar Wochen in eine Außenstation des Zoos umgesiedelt wurden, wo sie mehr Platz hatten.

Am liebsten hätten die beiden Strauß-Söhne ihre gefiederten Freunde auch noch mit in die Schule genommen...

5 Vorbeugen ist besser als heilen

Morgens um halb sechs, wenn viele Zootiere noch ganz verschlafen dreinschauen, klingelt bei Zootierarzt Dr. Rietschel schon der Wecker. Denn sein Arbeitstag beginnt pünktlich um sieben Uhr. Nach einer kurzen Besprechung mit dem Direktor und anderen leitenden Mitarbeitern des Zoos geht er als erstes in die Kranken- und Quarantänestation hinunter, um bei seinen Patienten nach dem Rechten zu sehen.

Und dann kommen auch schon die ersten Anrufe von Pflegern, die Probleme mit ihren Tieren haben: „Buschi, der Orang-Utan, hat seit drei Tagen Durchfall. Das Medikament hat nicht geholfen. Könnten Sie noch mal nach ihm schauen?" Oder: „Der Krokodilkaiman frißt nicht mehr, vermutlich hat er einen Fremdkörper im Magen."

Schluckimpfung für ein Gemsenkind.

Morgens bringen die Tierpfleger ihre Patienten zu Dr. Rietschel.

Dr. Rietschel vereinbart dann Behandlungstermine mit den Pflegern. Dringende Fälle erledigt er natürlich sofort. Sobald der „Telefondienst" beendet ist, macht er zu Fuß einen Rundgang durch den Zoo, um sich alle Tiere – auch die gesunden – genau anzuschauen. „Der Vormittag ist die schönste Zeit im Zoo", sagt er. „Da hat man seine Ruhe und kann sich ganz auf die Tiere konzentrieren." Oft entdeckt er bei seinem Rundgang irgend etwas, was nicht stimmt, und bespricht es gleich mit dem Pfleger. Denn er muß sich ja nicht nur um Patienten kümmern; bei ihm gilt die Devise: Vorbeugen ist besser als heilen. Seine Hauptaufgabe besteht darin, dafür zu sorgen, daß die Tiere gar nicht erst krank werden.

Jeden Tag ein anderes Sorgenkind: Dr. Rietschel mit einer Gans im Operationsraum.

„Die meisten Krankheiten bei Zootieren sind haltungsbedingt", erklärt er, „und lassen sich leicht vermeiden, wenn man auf richtige Haltung und Fütterung achtet." Zum Beispiel haben die Tiere einen bestimmten Bedarf an Mineralstoffen und Vitaminen, der durch die Nahrung nicht immer gedeckt wird.

Dann muß man ihnen die fehlenden Stoffe eben durch Tabletten, Tropfen oder Pülverchen zuführen. Sie werden – je nach Tierart – in die Fleisch- oder Fischnahrung hineingedrückt, mit Obst oder Brei vermischt. Wenn ein Klammeraffe Durchfall bekommt, muß man die Zusammensetzung seiner Nahrung verändern: Er erhält dann weniger Obst und dafür mehr Joghurt. Und bei Affen, die an Verstopfung leiden, bewirken grüne Feigen wahre Wunder. Deshalb muß Dr. Rietschel eng mit Klaus-Dieter Strauß, dem Futtermeister, zusammenarbeiten, der für die Zuteilung der Nahrungsrationen zuständig ist.

Aber nicht nur auf Menge und Qualität der Nahrung kommt es an, sondern auch darauf, wie gefüttert

wird: Pflanzenfresser zum Beispiel, die in der freien Natur den ganzen Tag grasen, sollten ihr Futter auch im Zoo mehrmals pro Tag in kleineren Portionen erhalten. „Wenn man denen einmal am Tag den ganzen Trog vollfüllt, bekommen sie Verdauungsbeschwerden.“ Das kann Haarausfall, Lahmheit, ja sogar Sterilität zur Folge haben.

Bei der Gestaltung der Gehege arbeiten Architekt, Tierarzt und Zoologe zusammen.

Auch bei der Aufzucht von Jungtieren und bei der Planung neuer Gehege hat Dr. Rietschel ein Wörtchen mitzureden. Denn die Gehege müssen artgerecht sein, die Tiere dürfen sich darin nicht verletzen und auch nicht ausbrechen können – und der Architekt, der die Bauten entwirft, hat von der Lebensweise und den Bedürfnissen der Tiere im allgemeinen

Wichtig: Die Gehege dürfen nicht nur schön sein, sondern die Tiere müssen sich darin auch wohl fühlen.

recht wenig Ahnung. Deshalb muß er bei der Planung eines Geheges alles genau mit den Zoologen und dem Zootierarzt absprechen.

Eine wichtige Rolle spielt die Bekämpfung von Mäusen, Ratten, Ungeziefer und Parasiten im Zoo. Auch damit hat Dr. Rietschel alle Hände voll zu tun. In freier Natur leiden fast alle Tiere unter Parasiten – Milben, Zecken, Flöhe, Läuse und Würmer, die an ihrer Haut oder in Magen und Darm schmarotzen, gehören einfach dazu, und meistens werden die Tiere damit auch ganz gut fertig. Aber im Zoo ist das anders: Dadurch, daß hier viele Tiere auf ziemlich engem Raum zusammenleben, können Parasiten sich schneller vermehren und von einem Tier aufs andere übertragen. Deshalb ist Prophylaxe hier lebenswichtig. Bei Tieren, die besonders anfällig für Würmer sind – beispielsweise Okapis –, werden regelmäßig vorbeugende Stuhluntersuchungen durchgeführt. Und bei neu angekommenen jungen Menschenaffen untersucht man den Kot im ersten Monat sogar jeden Tag auf Wurmeier. Diese Untersuchungen werden im

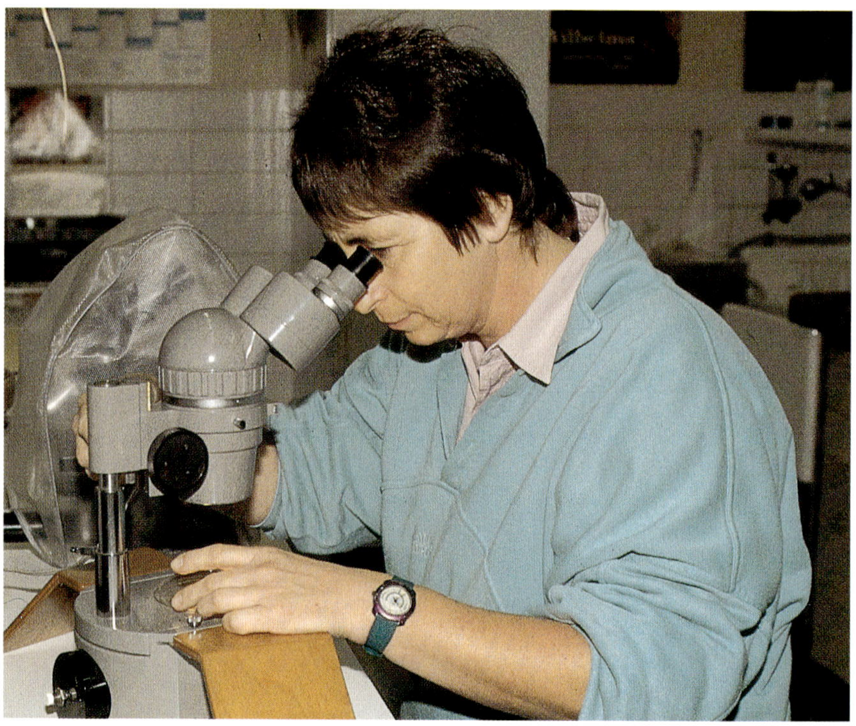

Die rechte Hand des Tierarztes: Eva Stark bei der Untersuchung einer Blutprobe.

Wie wird man eigentlich Zootierarzt?

Das ist gar nicht so einfach, denn ein Tiermedizinstudium befähigt einen noch lange nicht dazu, einen Elefanten oder Tiger zu behandeln. Bei den meisten tiermedizinischen Vorlesungen geht es um unsere heimischen Haustiere. Zootiere bekommen aber zum Teil ganz andere Krankheiten und müssen anders behandelt werden als Hunde, Katzen oder Pferde. Dieses Wissen kann man sich nur aneignen, indem man nach seinem Studium als Praktikant oder Assistent eines Zootierarztes arbeitet. Nach vier Jahren im Zoo kann man dann seine Prüfung als Fachtierarzt ablegen. Aber auch dann hat man noch lange nicht ausgelernt. Denn Zootiere stellen einen täglich vor neue, unerwartete Probleme, deren Lösung in keinem Lehrbuch steht. Übrigens sind neben den medizinischen durchaus auch sportliche Fähigkeiten gefragt: Denn zum Alltag eines Zootierarztes gehört es auch, mit dem Blasrohr zielsicher eine Gazelle zu treffen oder ein Lama zu bändigen, das absolut keine Lust hat, sich untersuchen zu lassen!

eigenen Labor der Tierkrankenstation von Dr. Rietschels tiermedizinisch-technischer Assistentin, Eva Stark, durchgeführt. Ohne diese „Perle", die unter anderem auch für Ordnung im Arzneimittelschrank und Operationsraum sorgt, wäre die anfallende Arbeit für Dr. Rietschel gar nicht zu bewältigen.

Zur Vorbeugung gehört auch, daß Neuankömmlinge erst einmal für mehrere Wochen in die Quarantänestation eingewiesen werden – das heißt, in ein gesondertes, von den anderen Zootieren getrenntes Gehege. Denn sie könnten ja an Parasiten oder an einer ansteckenden Krankheit leiden, die sie auf keinen Fall auf die anderen Zootiere übertragen dürfen.

Woran merkt man eigentlich, daß ein Tier krank ist? Die Tiere können ja schließlich nicht sprechen und dem Arzt sagen, wo es ihnen weh tut. „Das ist gar nicht so einfach", erklärt Dr. Rietschel. „Wildtiere neigen dazu, ihre Leiden zu verbergen. Die anderen Tiere in ihrer Gruppe dürfen nach Möglichkeit nicht merken, daß es ihnen nicht gutgeht. Sonst besteht die Gefahr, daß sie aus der Gruppe ausgeschlossen werden oder in der Rangordnung auf einen tieferen

Platz absinken. Denn natürlich ist es für die Gruppe eine Belastung, so ein krankes Tier mitzuschleppen." Es gibt zwar auch Ausnahmen – Elefanten oder Menschenaffen zum Beispiel lassen ein krankes Herdenmitglied nicht einfach im Stich, sondern versuchen ihm zu helfen –, aber in der Regel haben erkrankte Tiere in freier Natur bei ihren Artgenossen einen schweren Stand, und deshalb tun sie alles, um sich ihre Nöte nicht anmerken zu lassen. „Die können noch so krank sein – sie tun so, als strotzten sie vor Gesundheit."

Da braucht der Tierarzt schon einen geschulten Blick, um festzustellen, daß mit einem Tier etwas nicht stimmt; und vor allem muß er ständig mit den Pflegern im Gespräch bleiben. Die kennen ihre Tiere natürlich viel genauer als er, und deshalb fällt ihnen eine Veränderung auch am ehesten auf.

Brav schluckt das Nashorn seine Medizin. Aber wehe, wenn ein Geräusch es erschreckt! Dann geht es zum Angriff über, und dem Tierarzt hilft nur noch ein Sprung über den Zaun.

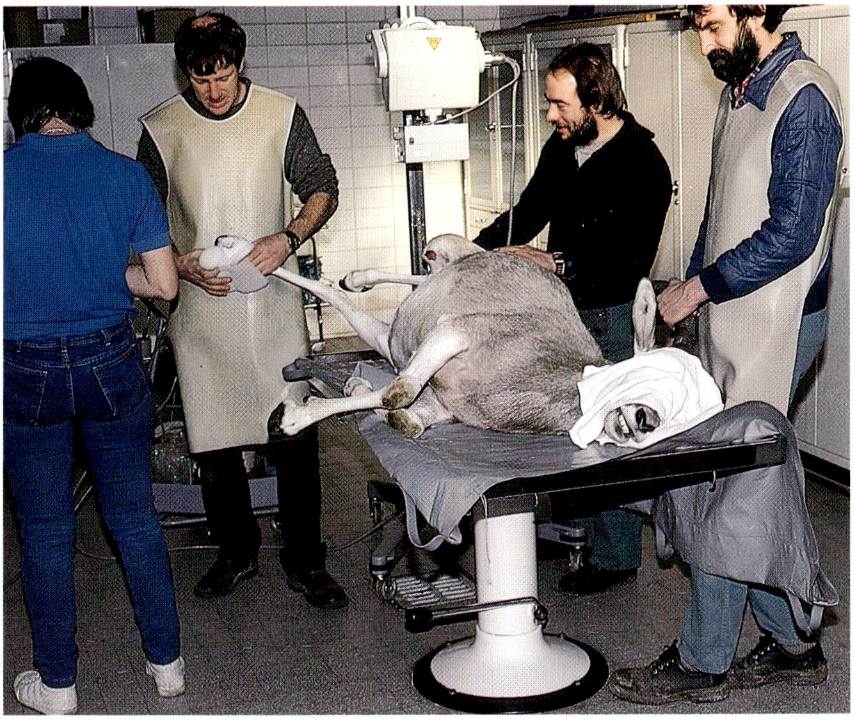

Bei größeren Operationen braucht der Tierarzt Assistenten.

Überhaupt spielt Teamarbeit beim Beruf des Zootierarztes eine wichtige Rolle. Bei Dr. Rietschel steht das Telefon nicht still: Da rufen Tierärzte aus der Stadt an, weil jemand mit einem kranken Schimpansen oder Krokodil in ihre Praxis gekommen ist und sie nicht wissen, wie sie dem Tier helfen sollen; denn normalerweise haben sie nur mit Katzen, Meerschweinchen und Hunden zu tun. Oder ein verzweifelter Zirkusdirektor bittet um Hilfe, weil sein Leopard sich den Fuß verletzt hat. Und auch Dr. Rietschel holt sich oft Rat bei Kollegen – denn natürlich kann er trotz jahrelanger Erfahrung nicht alles über die unzähligen verschiedenen Tierarten wissen, die es im Zoo gibt. „Wenn unser Ameisenbär krank wird", erzählt er, „weiß ich auf Anhieb jemanden, der sich mit diesen Tieren besonders gut auskennt und mir einen Tip geben kann; und wenn wir einen jungen Geier aufziehen müssen, rufe ich eben jemanden an, der damit Erfahrung hat."

Patient unter Wasser: Zoodirektor Dr. Jauch überwacht die Narkose eines kranken Kugelfischs.

Von halb zehn bis zwölf ist Behandlungszeit. Jetzt besucht Dr. Rietschel „Sorgenkinder" und Patienten

Der Löwe hat etwas gegen das Blasrohr. Mit lautem Gebrüll versucht er den Tierarzt zu vertreiben.

in den einzelnen Revieren, untersucht sie und bespricht mit dem Pfleger, was für Medikamente er ihnen geben soll und worauf er achten muß. Und manchmal muß auch operiert werden. Denn es kommt immer wieder vor, daß Tiere sich bei Beißereien gegenseitig verletzen, daß ein Tumor oder ein verschluckter Fremdkörper entfernt werden muß, daß ein Knochenbruch zu verarzten ist oder ein Jungtier nur mit Kaiserschnitt auf die Welt gebracht werden kann. Dann tritt das Blasrohr oder das Narkosegewehr in Aktion: Aus einer Entfernung von einem bis 20 Metern zielt Dr. Rietschel damit auf das Tier und injiziert ihm ein Betäubungsmittel. Früher mußte man die Tiere einfangen, um sie zu behandeln. Das war nicht ganz ungefährlich für den Pfleger – und auch für die Tiere selbst: Oft gerieten sie dabei in Panik, rannten gegen Zäune und verletzten sich. Bei der Betäubung mit dem Blasrohr kann das nicht passieren: Das Tier empfindet weder Schreck noch Schmerz, sondern spürt nur einen kleinen Piekser und sinkt dann nach ein paar Minuten bewußtlos in sich zusammen.

Etwas schwieriger ist eine Operation bei großen, „unhandlichen" Tieren wie Elefanten und Giraffen: Da muß erst einmal der Stall ausgepolstert werden, damit das Tier weich fällt. Einem Elefanten legt man vor der Operation Gurte an, die an einem Flaschenzug befestigt werden. Wenn er dann bewußtlos wird, läßt man ihn ganz langsam aufs Stroh hinunter, und wenn er wieder aus der Narkose aufwacht und nicht gleich aufstehen kann, hilft man ihm, indem man ihn an den Gurten hochzieht.

Hier war kein Indianer am Werk, sondern Dr. Rietschel: Mit einem Narkosepfeil hat er die Löwin in seligen Schlaf versetzt.

Noch komplizierter ist die Sache bei Giraffen: Bei ihnen muß der Kopf immer hoch gehalten werden. Da der Kopf normalerweise zwei bis drei Meter über dem Herzen sitzt und von dort entsprechend kräftig mit Blut versorgt werden muß, besteht in der Narkose die Gefahr, daß beim Absinken des Kopfes der Blutdruck zu sehr ansteigt und es dadurch zu Gefäßschäden im Gehirn kommt. Deshalb werden die Giraffen in dem Augenblick, in dem sie das Bewußtsein verlieren, von den Pflegern aufgefangen und abgestützt. Das ist nicht ganz ungefährlich, weil

Hoffentlich wacht der Löwe nicht vorzeitig aus der Narkose auf....

Die Operation einer Giraffe ist eine knifflige Angelegenheit: Der Kopf muß immer abgestützt werden.

eine Giraffe oft kurz vorher noch wild um sich schlägt. Aber zum Glück kommen Operationen bei so großen Tieren recht selten vor.

Bei besonders komplizierten Operationen müssen manchmal mehrere Kollegen mithelfen. Neulich mußte Dr. Rietschel einem großen Gorillamann die Bauchhöhle öffnen, weil Verdacht auf Darmverschluß bestand. Da war er schon allein mit der Narkose und der Überwachung des Kreislaufs des Tieres so beschäftigt, daß er beim besten Willen nicht auch noch gleichzeitig operieren und die Wunde nähen konnte. Also holte er sich drei Kolleginnen zu Hilfe. Mit vereinten Kräften schafften sie es, das Tier zu verarzten.

Nach schwereren Operationen kommen die behandelten Tiere nicht gleich wieder in ihr Gehege, sondern erst einmal in die Krankenstation. Aber das macht Dr. Rietschel nur, wenn es nicht anders geht, denn die meisten Tiere leiden darunter, wenn sie von ihren Gefährten getrennt werden. Das gilt besonders für die sensiblen Menschenaffen. Der Gorillamann mit der Naht am Bauch mußte zwei Wochen lang von seiner Gruppe abgesperrt werden – aber nur durch ein Gitter, damit er seine Freunde wenigstens sehen konnte. Zusätzlich mußte man sich auch noch alles mögliche andere einfallen lassen, um das Tier zu zerstreuen und abzulenken, damit es nicht an seiner Naht herumpulte und sich verletzte: Ein Pfleger saß ständig bei ihm und paßte auf ihn auf; und Dr. Rietschel stellte dem vereinsamten Affen sogar seinen Farbfernseher zur Verfügung, damit er sich nicht langweilte. „Am liebsten sah er Frauen und junge Mädchen", erzählt er. „Da schaute er immer ganz aufmerksam zu." Hinterher mußte Dr. Rietschel sich erst einmal als Kammerjäger betätigen und die vielen Kakerlaken entfernen, die sich während dieser Zeit in seinem Fernseher eingenistet hatten.

Wenn es geht, versucht man ohne Narkose auszukommen – denn die Betäubung ist genau wie beim Menschen doch immer eine Belastung für den Kreislauf und damit ein Risiko für das Tier. Bei dem einen Meter langen Krokodilkaiman, der eine Münze verschluckt hatte, kam der Pfleger auf eine geniale Idee: Er band das Tier auf einen Besenstiel, so daß es nicht weglaufen und auch nicht mit dem Schwanz aus-

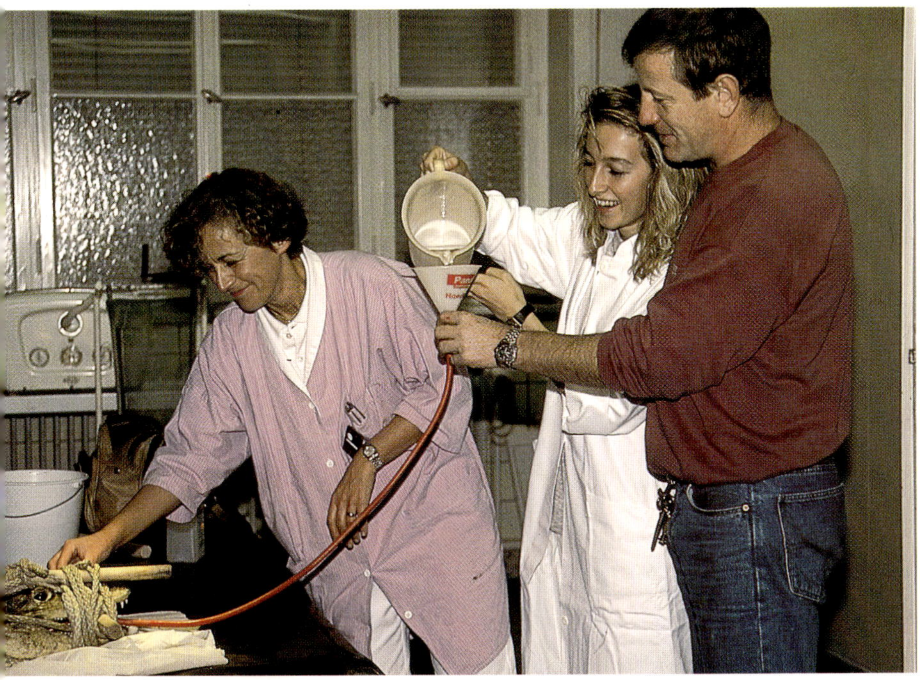

Schon so manches Krokodil mußte wegen einer verschluckten Münze auf den Operationstisch (links unten).

schlagen konnte. Dann band Dr. Rietschel dem Kaiman die Schnauze zu, schob ihm aber vorher als Keil ein Holzstück hinein, das in der Mitte ein Loch hatte, so daß man mit einer Zange ins Maul hineinfassen konnte. Auf diese Weise konnte er dem Tier bis in den Magen greifen und die Münze herausziehen.

Nicht nur bei Operationen, sondern auch, wenn ein Tier ausreißt, muß Dr. Rietschel häufig mit dem Narkosegewehr in Aktion treten. Früher blieb oft nichts anderes übrig, als ein ausgerissenes Zootier, das sich nicht einfangen ließ, zu erschießen. Seit es das Narkosegewehr gibt, ist das kein Problem mehr: Mit einem Schuß versetzt Dr. Rietschel den Ausreißer in seligen Schlaf, und dann kann man ihn in sein Gehege zurücktransportieren.

Ganz komplikationslos läuft das allerdings auch mit dieser eleganten Methode nicht immer. An ein Erlebnis mit einem freiheitsliebenden Wildschweinkeiler wird Dr. Rietschel wahrscheinlich noch bis an sein Lebensende zurückdenken: Er narkotisierte „Rudi",

Nach einigen Narkosepfeilen kam Keiler „Rudi" erst so richtig in Schwung...

den Keiler, der verschickt werden werden sollte, und verpackte ihn anschließend in einer Transportkiste. Dann ging er, nichts Böses ahnend, in den Frühstücksraum, um erst einmal in Ruhe eine Tasse Kaffee zu trinken.

Nach ein paar Minuten kam ein aufgeregter Anruf: „Sie, da läuft ein Wildschwein frei `rum!“ Rudi, der planmäßig aus der Narkose aufgewacht war, hatte die Transportkiste, die schon ein wenig altersschwach und nicht mehr ganz stabil war, kurzentschlossen in ihre Bestandteile zerlegt und befand sich nun auf einem ausgedehnten Besichtigungsrundgang durch den Zoo. Dr. Rietschel ließ seinen Kaffee stehen, griff fluchend zum Narkosegewehr und machte sich auf Wildschweinjagd. Beim Gehege der Somali-Wildesel holte er den Keiler ein und verpaßte ihm zwei Milliliter von dem Narkosemittel – eine Menge, die normalerweise hätte ausreichen müssen, um das Tier in Schlaf zu versetzen. Doch Rudi – immer noch hellwach – ergriff die Flucht. Dr. Rietschel versuchte sein Glück nun mit vier Millilitern. Daraufhin wurde Rudi erst richtig munter, drehte den Spieß um und begann nun, Jagd auf den Tierarzt zu machen. Wutentbrannt biß er ins Narkosegewehr und in die Reifen des Transportwagens. Erst nach einer letzten, verzweifelten Injektion von fünf Millilitern ließ der Unternehmungsgeist des Tieres allmählich nach, und es ließ sich einfangen und in den Transportwagen verfrachten. „Ein Glück“, sagt Dr. Rietschel, „daß das bei uns im Zoo passiert ist und nicht während des Transports in der Stuttgarter Innenstadt!“

Aber solche Abenteuer sind natürlich nicht an der Tagesordnung. Dr. Rietschels Alltag besteht zu 90 Prozent aus Routinearbeit und dem täglichen Bürokram: Denn natürlich muß er auch Krankenberichte schreiben und eine Tierkartei für die einzelnen Pfleglinge führen. Wichtig ist vor allem die Narkosekartei, denn die Betäubungsmittel müssen natürlich bei jeder Tierart anders dosiert werden, und auch bei ein und derselben Art gibt es häufig noch individuelle Unterschiede: Das eine Tier verträgt mehr, das andere weniger. Und wenn Dr. Rietschel einmal nicht da ist, muß der Kollege, der ihn vertritt, für den Notfall natürlich genau wissen, wieviel Narkosemittel er bei welchem Tier spritzen muß. Ein Fehler könnte für das Tier tödlich sein.

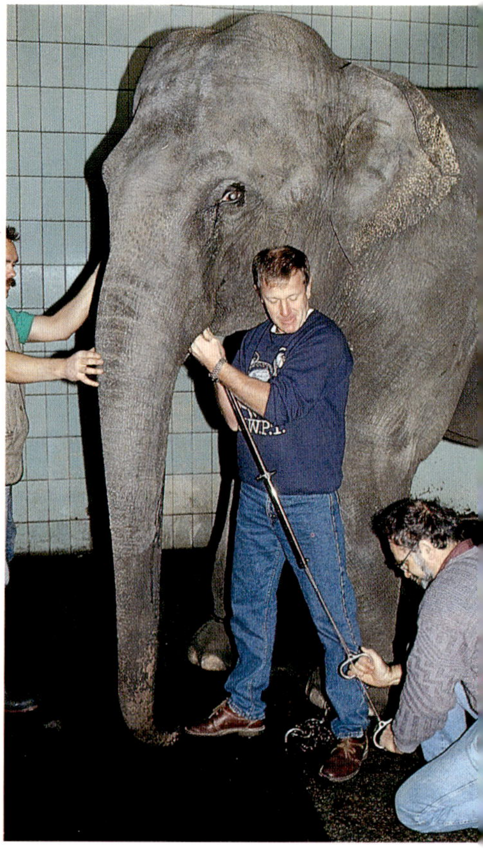

Bei dieser Elefantenkuh muß ein ins Zahnfleisch eingewachsener Stoßzahnstummel gekürzt werden.

Außerdem hält Dr. Rietschel auch noch Vorträge und Seminare für Kollegen und Studenten und schreibt wissenschaftliche Arbeiten für Fachzeitschriften, in denen er über seine Erfahrungen berichtet. Und er betreut auch ständig einen bis zwei Praktikanten: Denn um Zootierarzt zu werden, muß man im Anschluß an das Tiermedizinstudium erst einmal längere Zeit beim Zoo arbeiten, um die nötige Erfahrung zu sammeln. Viele junge Tierärzte sind ganz versessen darauf, so ein Praktikum bei Dr. Rietschel zu machen. „Früher wollten die Leute Lokomotivführer oder Pilot werden", erzählt er. „Heute ist Zootierarzt für viele der Traumberuf. Aber die meisten verlieren das Interesse, wenn sie sehen, daß ich nicht ständig junge Leoparden streichle oder aufregende Abenteuer mit wilden Tieren erlebe, sondern daß auch viel Routinearbeit dabei ist. Und die wären als Tierarzt im Zoo auch fehl am Platz." Man muß schon eine Menge Begeisterung und Idealismus mitbringen, um so einen Beruf zu ergreifen – denn da ist der Arbeitstag nicht abends um fünf Uhr zu Ende. Ein freier Abend oder ein freies Wochenende ist bei Dr. Rietschel reine Glücksache. Auch in seiner Freizeit ist er ständig in Bereitschaft und in Notfällen über eine interne Rufanlage erreichbar. Tiere werden auch nach Dienstschluß krank; und schon so manches freie Wochenende, an dem er eigentlich einen Ausflug mit seiner Familie machen oder einfach einmal faulenzen wollte, endete im Stall einer kranken Antilope oder im Behandlungsraum bei der Verarztung eines Krokodils, das nichts Besseres zu tun hatte, als ausgerechnet am Sonntag eine Beißerei mit einem Kollegen anzufangen.

Flaschenkind: In seiner Freizeit päppelt Dr. Rietschel kranke und verletzte Fledermäuse auf.

Die vielen Überstunden „feiert“ er dann in Form von Urlaub wieder ab. Und wie so viele Leute, die mit Tieren zu tun haben, läßt sein Beruf Dr. Rietschel auch in der Freizeit nicht los: Im Urlaub reist er durch Nationalparks, besichtigt Zoos im Ausland oder hält Kurse und Fortbildungsveranstaltungen für Tierärzte in der dritten Welt. Und seit er für ein Buch einen Artikel über die Erkrankungen von Fledermäusen schreiben mußte, ist die Verarztung dieser bei uns inzwischen bedrohten Tiere für ihn zum Hobby geworden: „Jede kranke Fledermaus wird bei mir abgeliefert, und ich versuche sie wieder hinzukriegen“, erzählt er. „Neulich brachte man uns einen Abendsegler, bei dem der halbe Flügel durchgerissen war. Den haben wir ein halbes Jahr lang gepflegt, bis der Flügel wieder zusammenwuchs. Eines Abends haben wir ihn dann feierlich wieder fliegen lassen.“

6 Woher bekommt der Zoo seine Tiere?

Früher mußte man auf Expedition in fremde Länder reisen, um die Tiere für den Zoo einzufangen. Mit Fallgruben, Netzen und Schlingen ging man auf die Jagd – und setzte dabei nicht selten sein Leben und das der Tiere aufs Spiel. Neben wilden Tieren machten ungewohnte klimatische Bedingungen, Malaria und andere gefährliche Tropenkrankheiten den Tierfängern zu schaffen.

Heute ist das anders: Es kommt kaum noch vor, daß Tiere für den Zoo in freier Wildbahn gefangen werden. Denn inzwischen gibt es strenge Ein- und Ausfuhrbestimmungen und das Washingtoner Artenschutzabkommen, das den Handel mit vom Aussterben bedrohten Tierarten verbietet. Und Tierfänge sind auch gar nicht mehr notwendig: Denn inzwi-

Ob Dr. Rietschel mit der Orang-Utan-Mutter Erfahrungen über Kindererziehung austauscht?

schen weiß man so viel über die Bedürfnisse der Tiere und kann ihnen so gute Lebensbedingungen bieten, daß sie im Zoo älter werden als in freier Natur. Und viele von ihnen vermehren sich so reichlich, daß die Zoos kaum noch wissen, wohin mit dem Nachwuchs.

Nachwuchs bei den Schneeleoparden.

Einige Tiere – beispielsweise Löwen und Tiger – sind so fortpflanzungsfreudig, daß der Tierarzt ihnen in manchen Zoos sogar die Antibabypille verschreibt. Natürlich will ein Zoo nur solche Tiere weiterzüchten, deren Nachkommen er dann auch problemlos in anderen Zoos unterbringen kann. Und mit dem Nachwuchs mancher Raubkatzenarten sind inzwischen alle Zoos so reichlich gesegnet, daß sie höchstens müde abwinken würden, wenn ihnen jemand mit einem Tigerbaby käme.

Zwischen den Zoos der Welt findet eine rege Korrespondenz statt: Sie senden einander regelmäßig Listen zu, auf denen steht, bei welchen Arten sie Nachwuchs anzubieten haben und was für Tiere sie brauchen. Die Tiere werden dann entweder verkauft oder getauscht.

Auch zur Nachzucht werden Zootiere häufig verschickt. Oft müssen sie zu diesem Zweck weite „Hochzeitsreisen" machen. Denn Paarung und Fortpflanzung werden inzwischen in den Zoos nicht mehr allein dem Zufall überlassen, sondern genau geplant. Für viele seltene Tierarten führen die Zoos internationale Zuchtbücher, in denen alle Tiere einer Art mitsamt ihren Verwandtschaftsverhältnissen genau verzeichnet sind. Jede Geburt, jeder Todesfall wird registriert. Für jede Tierart in diesem Zuchtprogramm gibt es einen Art-Koordinator, der für die Planung verantwortlich ist. Er führt das Zuchtbuch, hat den Überblick über den Tierbestand und gibt den Zoos Ratschläge, welches Tier sie mit welchem paaren sollten, um möglichst gesunden Nachwuchs mit gu-

Familie Nashorn hat Zuwachs bekommen.

ten Erbanlagen zu erzielen. Auf diese Weise kann man Inzucht – die Paarung von Tieren, die zu nahe miteinander verwandt sind – vermeiden; denn sie kann negative Folgen für den Nachwuchs haben. Und so kann es passieren, daß ein Orang-Utan-Mann aus einem Stuttgarter Zoo zur Eheschließung eben nach England reisen muß, weil gerade dort ein Orang-Utan-Weibchen auf ihn wartet, von dem der Zuchtkoordinator sich den besten Nachwuchs erhofft.

Das Reisen ist für die Tiere zwar ein wenig beschwerlich – aber es lohnt sich. Denn durch diese

Zuchtprogramme der Zoos sind schon viele Tierarten vor dem Aussterben gerettet worden. Von manchen Arten – beispielsweise dem Sibirischen Tiger – gibt es in den Zoos inzwischen mehr Tiere als in freier Wildbahn. Der Zoo leistet also einen wichtigen Beitrag zur Erhaltung bedrohter Tierarten.

In der Schreinerei des Zoos werden Transportkisten und Klettergerüste für Affen gezimmert.

Allerdings funktioniert die Sache mit der „Eheanbahnung" nicht immer so reibungslos, wie die Zoologen sich das vorstellen; manchmal haben die Tiere auch ihren eigenen Kopf und machen dem Art-Koordinator einen dicken Strich durch die Rechnung. Denn genau wie beim Menschen kann es auch im Tierreich vorkommen, daß Männchen und Weibchen sich gegenseitig unattraktiv finden oder sich sogar absolut nicht ausstehen können; und dann tut sich gar nichts zwischen den beiden, und der Zoo wartet vergeblich auf Nachwuchs.

Vor einigen Jahren wurde die Stuttgarter Elefantendame Pama zu einem Elefantenbullen nach Zürich geschickt; aber er konnte sie von Anfang an nicht leiden und schubste sie gleich zur Begrüßung in den Graben. Nach zwei Monaten mußte Pama unverrichteter Dinge wieder die Rückreise nach Stuttgart

Warum wir Zoos brauchen

„Warum muß man Tiere einsperren?" fragen die Zookritiker. „Warum läßt man sie nicht in freier Wildbahn leben? Tiere kann man in einem Fernsehfilm doch viel besser beobachten!" Aber das stimmt nicht. Erstens empfinden Tiere ihr Gehege nicht als „Gefängnis", sondern als ihr Revier, in dem sie sich zu Hause fühlen. Auch in der Natur haben die meisten Tiere ein solches Territorium. Und dann ist das Leben in freier Wildbahn ja auch keineswegs ein Paradies: Kampf um Nahrung, Auseinandersetzungen mit Artgenossen, Krankheiten und Angst vor Raubfeinden lassen das Leben in Freiheit zum Streß werden. Abgesehen davon leistet der Zoo einen wichtigen Beitrag zum Naturschutz: Er bringt den heutigen Menschen die Tierwelt nahe – Tiere, die sie sonst vielleicht nie sehen würden – und weckt Verständnis dafür, wie wichtig es ist, diese Tiere zu schützen. Kein Tierfilm kann diesen direkten Kontakt ersetzen.

antreten. Ein enttäuschendes Ergebnis, wenn man bedenkt, daß es gar nicht so einfach ist, einen Elefanten zu verschicken: Zuerst einmal muß eine riesige, stabile Transportkiste gezimmert werden. Dann muß man den Elefanten langsam an die Kiste gewöhnen; denn Elefanten sind sensible Tiere, und so ein Transport bedeutet großen Streß für sie. Das Hineinmarschieren in die Transportkiste muß vorher unter Anleitung des Pflegers immer wieder geübt werden. Und wenn man den Elefanten dann schließlich verpackt hat, muß ein Kran in Aktion treten, denn Elefant und Kiste wiegen zusammen viereinhalb Tonnen, und so ein Gewicht ist mit menschlicher Muskelkraft beim besten Willen nicht zu bewältigen.

Mit dem Transport allein ist das Problem aber noch lange nicht gelöst – denn wenn der Elefant dann in seiner neuen Heimat wieder aus der Kiste steigt, findet er sich in einer völlig fremden Umgebung wieder. Es dauert eine ganze Weile, bis er sich an das Gehege, den Pfleger und seine neuen Mit-Elefanten gewöhnt hat. Der Pfleger muß ihm mit viel Einfühlungsvermögen dabei helfen; denn der Zuchterfolg hängt natürlich nicht zuletzt auch von der guten Eingewöhnung des Tieres ab.

Aber nicht immer sind Eingewöhnungsprobleme oder der Eigensinn der Tiere schuld, wenn es mit dem Nachwuchs nicht so recht klappen will: Auch menschliches Versagen kann die Ursache sein. Denn selbst bei der perfektesten Planung schleicht sich ab und zu mal ein Fehler ein.

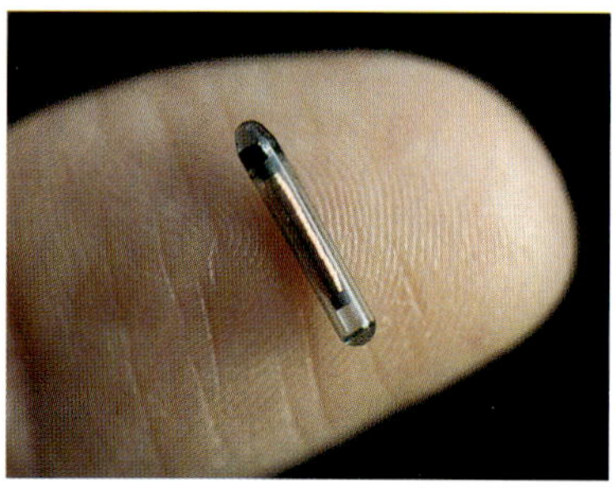

„Personalausweis" für Tiere: Dieses Glasröhrchen mit Mikrochip tragen Zootiere unter der Haut.

Manche Tiere sehen sich zum Verwechseln ähnlich, und auch der Unterschied zwischen Männlein und Weiblein läßt sich bei manchen Tierarten (beispielsweise Krokodilen und Vögeln) mit bloßem Auge nicht so ohne weiteres erkennen. Mittlerweile hat man aber eine raffinierte Methode zur Kennzeichnung der Tiere entwickelt: den sogenannten Trans-

So werden die Transportkisten verladen.

ponder, einen Mikrochip mit zehnstelliger Codenummer, der in ein winzig kleines Glasröhrchen eingeschmolzen ist. Das Röhrchen wird den Tieren mit einem spritzenähnlichen Gerät unter die Haut injiziert. Mit einem dazugehörigen Datenlesegerät kann man den Nummerncode entziffern. Diese praktischen Transponder werden inzwischen weltweit verwendet – Verwechslungen sind damit ausgeschlossen. Allerdings muß man mit dem Datenlesegerät ziemlich nah (bis auf etwa zehn Zentimeter) an das Tier herangehen, um den Code entziffern zu können; und zum Markieren mit dem Transponder müssen manche Tiere in Narkose versetzt werden.

Einmal sollte ein weiblicher Gelbbrustara namens Betty zur Paarung nach Israel verschickt werden. Leider waren die Aras versehentlich nicht markiert worden, und so passierte dem Zoo eine peinliche Verwechslung: Statt des Weibchens Betty schickte er das Männchen Hans nach Israel. Denn beide Geschlechter sehen gleich aus. Das israelische Gelbbrustaramännchen, das schon sehnsüchtig auf seine Eheliebste wartete, erlebte eine herbe Enttäuschung, und Nachwuchs stellte sich natürlich auch nicht ein. „Mit Transponder wäre das nicht passiert", lacht der Tierarzt, der sich noch heute köstlich amüsiert, wenn er diese Geschichte erzählt.

Unsere behaarten Brüder

Morgens fängt Heinz Scharpf immer schon mindestens eine Stunde früher an als die anderen Pfleger. Denn er betreut das Menschenaffenhaus, und diese intelligenten, sensiblen Tiere brauchen besonders viel Zuwendung.

Um Viertel vor sechs bekommen sie als allererstes einen Becher Ovomaltine. Das macht sie fit für den Tag. Dann werden sie aus ihren Schlafkäfigen in den Schaukäfig gelassen, wo sie, über den Tag verteilt, bis zu neun Mahlzeiten erhalten, damit sie sich nicht langweilen. Denn Menschenaffen wollen immer beschäftigt sein; das hält den Pfleger ganz schön auf Trab. Um ihrer Intelligenz und ihrem Spieltrieb gerecht zu werden, stellt man ihnen kleine Fleiß-

Ein saftiger Apfel zum Frühstück.

und Denkaufgaben: So müssen sie beispielsweise Nüsse und Sonnenblumenkerne aus einem Wasserbecken angeln oder Erdnüsse aus einem Kanister holen, wobei die Sache allerdings einen kleinen Haken hat: Denn in dem Kanister sind Löcher in verschiedenen Größen, und nur durch ein einziges Loch passen die Nüsse durch. Dieses Loch müssen die Affen suchen.

Außerdem bekommen die Tiere auch Spielsachen. Da Affen aber genau wie kleine Kinder immer viel Unsinn im Kopf haben, muß man Spielzeug wählen, an dem sie sich nicht verletzen und das sie auch nicht so leicht kaputtmachen können. Alte Kleider und Tücher, Plastikkanister und Holzklötzchen sind am besten geeignet.

Die Umarmung eines Gorillas kann blaue Flecken hinterlassen (oben). Beim Frühstück (Mitte) wird meistens auch der Pfleger mit Brei beschmiert. Beim spielerischen Kampf um den Pappkarton (unten) läßt Heinz Scharpf natürlich den Affen gewinnen...

Heinz Scharpf hat einen sehr engen, liebevollen Kontakt zu seinen Tieren. Viele hat er selber zusammen mit seiner Frau großgezogen. Aber so nett und freundlich, wie sie aussehen, sind die Affen keineswegs immer: Menschenaffen gehören zu den gefährlichsten Tieren im Zoo. Sie haben eine ungeheure Kraft und ein ehrfurchtgebietendes Gebiß. Besonders mit den Männchen ist nicht zu spaßen. Deshalb geht Heinz Scharpf zu den ausgewachsenen männlichen Menschenaffen nicht mehr in den Käfig. „Manche Leute wundern sich darüber und sagen: ‚Der tut dir bestimmt nichts – den hast du doch von klein an aufgezogen!‘ Aber so einfach ist die Sache leider nicht. Ich erkläre ihnen dann immer: ‚Wenn ich als Vater meinem elfjährigen Sohn sage: Du kommst heute abend um sechs Uhr nach Hause, dann wird er auch pünktlich kommen. Aber wenn mein Sohn sechzehn oder 18 Jahre alt ist und ich das immer noch von ihm verlange, dann macht er nicht mehr mit, sondern zeigt mir höchstens den Vogel.‘ Genauso ist es mit dem Affenmann auch. Irgendwann will er selber der Chef sein und akzeptiert die Autorität des Pflegers nicht mehr.“

Was für Menschenaffen gibt es?

__Orang-Utan:__ Lebt in den Regenwäldern von Borneo und Sumatra auf Bäumen. Frißt Pflanzen (Blätter, Früchte) und ist stark vom Aussterben bedroht.

__Gorilla:__ Bodenbewohnender Affe; ist in Wäldern und Savannen in Zentralafrika zu Hause und ernährt sich hauptsächlich von Pflanzen.

__Schimpanse:__ Ist wie der Gorilla in Zentralafrika beheimatet; boden- und baumbewohnend. Frißt Früchte, aber auch kleine und größere Tiere.

Zu den friedfertigeren Affenweibchen dagegen geht Heinz Scharpf fast täglich in den Käfig, um mit ihnen zu spielen und zu schmusen. Das Männchen wird dann vorher ausgesperrt: Jeder Affe hat seinen eigenen Schlafkäfig, in den er auf Zuruf geht.

Aber nicht nur mit den Männchen gibt es Probleme. Es ist auch schon öfters vorgekommen, daß Menschenaffenweibchen einen Pfleger übel zugerichtet haben. Meist sind – wie bei den Menschen auch – Eifersüchteleien daran schuld. So hatte Heinz Scharpf einmal eine Gorilladame namens Eta, die in einen jungen Pfleger verliebt war, der im Menschenaffenhaus arbeitete. Es kommt oft vor, daß Menschenaffen romantische Gefühle für ihre nächsten Verwandten hegen: Manche Affenmännchen haben ihre Lieblinge unter den Besucherinnen, die sie durch die Glasscheibe hindurch regelrecht „anmachen". Bei den Weibchen ist es ähnlich.

Nun wollte es der Zufall, daß gerade in dem Augenblick, als Heinz Scharpf bei Eta im Käfig saß und ihr ihre Milch geben wollte, die Freundin des jungen Tierpflegers an der Glasscheibe erschien. Sofort sträubten sich Etas Haare. Und da sie der Freundin ihres Angebeteten ja nichts tun konnte, ließ sie ihre Aggressionen an Heinz Scharpf aus, packte ihn von hinten, biß ihn in die Wade und warf ihn um. Sicherlich hätte sie noch weiter gewütet; doch in diesem Augenblick kam Banjo, ein halberwachsenes Gorillamännchen, das Heinz Scharpf großgezogen hatte, dem Pfleger zu Hilfe und biß Eta in den Hintern. Da ließ sie von ihm ab.

Am nächsten Tag ging er wieder wie gewohnt zu Eta in den Käfig, um sie zu füttern. Und wieder kam ausgerechnet in diesem Augenblick die Freundin des jungen Tierpflegers. Heinz Scharpf spürte, wie das eifersüchtige Gorillaweibchen in seinen Armen ganz steif wurde und die Zähne fletschte. Rasch gab er dem Mädchen ein Zeichen, es solle ans andere Ende des Käfigs gehen. Eta rannte ihr hinterher, und diesen Augenblick nutzte Heinz Scharpf, um zu fliehen. Seitdem ist er nie wieder zu Eta in den Käfig hineingegangen – das erschien ihm nun doch zu gefährlich.

Schwere Unfälle mit Menschenaffen hat es bei ihm zum Glück noch nicht gegeben; aber zwei Pflegerinnen, die im Menschenaffenhaus arbeiten, ist ein Finger abgebissen worden. Die eine Pflegerin hatte ein krankes Tier bevorzugt und ihm noch eine Extra-Futterration gegeben. Das gefiel der Chefin der Affengruppe nicht, und sie kam blitzschnell herbeigelaufen und biß zu. Die andere Pflegerin hatte zwei junge Schimpansen tagsüber allein in einer neuen Gruppe gelassen, um sie einzugewöhnen, und wollte sie abends wieder herausholen. Das faßten die Affen als Angriff auf.

„Im nachhinein muß man sagen: Wir waren bei allen Unfällen selber schuld", sagt Heinz Scharpf. „Wir

Der kleine Orang-Utan hat seiner Pflegerin eine Bürste geklaut, mit der er jetzt spielt.

Kleine Affenbabys werden mit der Milchflasche aufgezogen.

hätten voraussehen müssen, daß das nicht gutgehen konnte." Aber natürlich kann auch ein Affenpfleger nicht immer an alles denken...

Während Heinz Scharpf sich mehr um die erwachsenen Affen kümmert, betreut seine Frau Gundi die Kinderstube. Denn es kommt öfters vor, daß eine Affenmutter ihr Junges nicht annimmt. Das ist nicht nur im Zoo, sondern auch in freier Wildbahn so und kann verschiedene Gründe haben: Menschenaffen erwerben sich einen Großteil ihres Wissens durch Lernen. Beim ersten Baby wissen sie oft noch nicht so recht, was sie damit anfangen sollen. Es ist schon vorgekommen, daß eine Menschenaffenmutter ihr Baby mit dem Kopf nach unten hielt, so daß es nicht an ihrer Brust saugen konnte und verhungert wäre, wenn man es ihr nicht weggenommen hätte. Es kann aber auch sein, daß die Mutter nicht genügend Milch hat und ihr Kind deshalb nicht aufziehen kann – oder das Kleine ist ihr ganz einfach lästig, und sie legt es weg. In solchen Fällen muß der Mensch einspringen und das Baby großziehen.

So ein neugeborenes Affenkind macht genauso viel Arbeit und Sorgen wie ein Menschenbaby. In den ersten zwölf Wochen muß es Tag und Nacht alle zwei Stunden sein Fläschchen bekommen. In dieser Zeit schläft die Pflegerin in der Aufzuchtstation. Das Neugeborene liegt in einem kleinen Säuglingsbettchen neben dem Bett der Pflegerin; wenn es schreit, wird es gefüttert. Nach drei Monaten braucht das Affenkind dann nur noch alle vier Stunden Nahrung, und die Nachtmahlzeit um zwei Uhr kann man ausfallen lassen. Dann übernimmt eine Pflegerin die Frühschicht ab fünf Uhr, wenn das Baby zum erstenmal gefüttert wird, und eine andere Pflegerin die Spätschicht bis zur letzten Fütterung um zehn Uhr abends.

Seilhüpfen: nicht nur für Menschenkinder ein Riesenspaß...

Junge Menschenaffen entwickeln sich ähnlich langsam wie Menschen. In den ersten Wochen liegen die kleinen Affen im Bettchen und tragen Windeln wie Menschenbabys, damit sie ihr Bettzeug nicht verschmieren. Wenn die Windel schmutzig ist, wird sie gewechselt, und die Kleinen werden abgewaschen und eingecremt, damit sie nicht wund werden.

Sobald die kleinen Menschenaffen ab dem sechsten Monat krabbeln können, läßt man die Windeln weg. Aber auch dann machen die Affen noch viel Arbeit. Denn junge Menschenaffen sind in den ersten vier bis fünf Jahren ihres Lebens immer bei der Mutter – sie kümmert sich um sie, spielt mit ihnen, bringt ihnen alles bei, was sie für ihr Affenleben wissen müssen, und beschützt sie auch vor zudringlichen Artgenossen. Die gleiche Zuwendung muß der

Mensch den verwaisten kleinen Affen bieten. Gundi Scharpf behält ihre Affen drei bis vier Jahre im Jungtier-Aufzuchthaus; erst dann werden sie an andere Zoos abgegeben und dort in eine erwachsene Menschenaffengruppe eingegliedert. Diese geborgene Kindheit brauchen sie, meint Gundi Scharpf, um eine gefestigte Persönlichkeit und genügend Selbstvertrauen zu entwickeln, so daß sie sich später in der Gruppe gut behaupten können. Denn Menschenaffen sind genauso sensibel und empfindlich wie Kleinkinder, wenn nicht sogar noch empfindsamer. Sie brauchen viel Zuneigung: Die Pflegerin muß mit ihnen schmusen und spielen und sich ständig um sie kümmern. Besonders gern spielen sie mit Bauklötzchen, aus denen sie genau wie kleine Kinder hohe Türme bauen. Aber allein macht ihnen das keinen

Gundi Scharpf nimmt sich viel Zeit, um mit ihren Gorillakindern zu spielen und zu schmusen (links und rechts oben). Der kleine Orang-Utan (rechts unten) wird in eine Gruppe erwachsener Tiere eingewöhnt.

Spaß, denn auch in der Natur haben sie immer ihre Mutter oder einen kleinen Artgenossen als Spielgefährten. Ein junger Affe, der nicht genügend Zuwendung bekommt, wird krank; dann kann es sogar passieren, daß er nicht mehr zunimmt, ein stumpfes Fell bekommt und nur noch teilnahmslos herumsitzt.

Eine wahre Affenliebe...

Aber natürlich kann die Pflegerin nicht jede Sekunde bei ihren Affenkindern verbringen. Sie hat ja auch noch anderes zu tun: Käfige reinigen, mehrmals am Tag das Futter zubereiten, frisches Laub zum Benagen holen und Bettwäsche und -tücher waschen. Deshalb bekommen die kleinen Affen Schmusekissen und Tücher. Das ist der Ersatz für das Fell der Mutter, an dem sich die Kleinen in ihrer Kindheit ständig festklammern. Sobald den kleinen Affen irgend etwas nicht geheuer ist – zum Beispiel ein Geräusch, das sie erschreckt –, rennen sie zu ihrer Hängematte und klammern sich an ihr Kissen oder Tuch. Dann fühlen sie sich beschützt. Auch beim Einschlafen haben sie gern ein Kuscheltuch.

Wichtig ist auch, daß die Tiere nicht allein aufwachsen, sondern mit Artgenossen. Sie brauchen das Spiel, den Kontakt und die Auseinandersetzung mit anderen jungen Affen, um sich artgerecht entwickeln zu können; sonst würden sie sich zu sehr an den Menschen gewöhnen und hätten später Schwierigkeiten, sich in eine Gruppe erwachsener Affen einzugliedern. Da Gundi Scharpf große Erfahrung in der Aufzucht von Menschenaffen hat – über 60 Jungtiere hat sie schon großgezogen, einige sogar in der eigenen Wohnung –, schicken inzwischen auch andere Zoos aus ganz Europa ihre verwaisten kleinen Menschenaffen zu ihr. Auf diese Weise können bei ihr immer mehrere Jungtiere der gleichen Art zusammen in einer Gruppe aufwachsen.

Natürlich müssen die kleinen Affen auch erzogen werden. Bestimmte Dinge müssen sie auf Befehl tun

Gundi Scharpfs Kinder sind mit Menschenaffenbabys aufgewachsen.

– beispielsweise auf Zuruf herkommen, sich hinsetzen oder der Pflegerin die Hände hinstrecken, damit sie sie einölen kann. Denn Babyhaut wird leicht rissig. Wenn sie einmal nicht gehorchen oder Blödsinn machen – mit drei Jahren kommen sie in die „Trotzphase", und dann zerkauen sie gern ihre Trinkbecher oder werfen sie quer durchs Gehege, statt sie der Pflegerin zurückzugeben –, nützen Prügel wenig. Erstens ist ein junger Gorilla mit drei Jahren schon stärker als seine Pflegerin, so daß sie bei einer körperlichen Auseinandersetzung den kürzeren ziehen würde. Außerdem würden Schläge bei diesen sensiblen Tieren das Vertrauensverhältnis zum Pfleger zerstören. Viel mehr erreicht man mit psychologischen Methoden: Ein strenger Blick und ein energisches Wort sind wirkungsvoller als ein Klaps. Wenn das nichts hilft, läßt die Pflegerin ihre ungezogenen Affen einfach ein paar Stunden lang links liegen. Sie kommt nicht mehr zu ihnen in den Käfig; es gibt kein Streicheln, kein Schmusen mehr und keine liebevollen Worte. Darüber sind die Affen schon nach wenigen Stunden so traurig, daß sie ganz von selber wieder gehorchen.

Aber die Affen sollen ja nicht beim Menschen bleiben, sondern wieder in eine Affengruppe eingegliedert werden. Deshalb beginnt die Pflegerin die Kleinen schon möglichst früh an ihre erwachsenen Artgenossen zu gewöhnen. Das ist ein sehr langsamer Prozeß, bei dem man behutsam vorgehen muß. Es ist so, wie wenn ein neuer Schüler in eine Klasse kommt: Der Neue wird erst einmal vorsichtig „beschnuppert", ehe man sich auf ihn einläßt. Die Pflegerin nimmt das Kleine auf den Arm und geht mit ihm immer wieder stundenweise in den Käfig der Affengruppe, in die es sich eingewöhnen soll. Nach und nach verlieren die älteren Tiere ihre Scheu, kommen heran und nehmen Kontakt mit dem Kleinen auf. Das hat zwei Vorteile: Der kleine Affe baut eine Beziehung zu seinen großen Artgenossen auf,

Vor den Klassenkameraden konnte man mit den Affenbabys herrlich angeben. Und manchmal zerrissen sie auch eine verhauene Klassenarbeit...

und die erwachsenen Affenweibchen lernen, wie man mit Babys umgeht.

„Manche Leute meinen, ich übertreibe mit der Fürsorge für meine Affen. Die haben es ja besser als manche Menschen, wirft man mir vor", sagt Gundi Scharpf. „Aber ich glaube, die Tiere brauchen diese Liebe und Geborgenheit, um dann später ihre eigenen Jungen selber aufziehen zu können." Und der Erfolg gibt ihr recht: Einige der Menschenaffen, die sie großgezogen hat, haben inzwischen eigene Kinder bekommen und kümmern sich liebevoll um ihren Nachwuchs.

Wir möchten den Mitarbeitern der Stuttgarter Wilhelma für ihre Mitwirkung, ihre Hilfsbereitschaft und fachliche Beratung herzlich danken: Harald Aberle, Dr. Anton Brotzler, Uwe Fritz, Dr. Marianne Holtkötter, Dr. Dieter Jauch, Dorothea Katz, Dr. Lutz Plasa, Dr. Wolfram Rietschel, Gundi und Heinz Scharpf, Volker Scholl, Klaus-Dieter Strauß. Ohne sie wäre dieses Buch nie entstanden.

KINDERBUCH
VERLAG LUZERN

Wo leben die Paradiesvögel? Warum können manche Vögel nicht fliegen? Warum sind Blindschleichen keine Schlangen? Warum sehen Skorpione fast wie Krebse aus, obwohl sie fast gar nicht mit ihnen verwandt sind? Die Antwort auf diese und viele andere Fragen Fragen gibt Hans Dossenbach in seinem Lexikon der Tiere, mit dem er Kinder und Jugendliche zu einem faszinierenden Ausflug ins Tierreich einlädt. Auf 275 Seiten mit über 700 brillanten Farbfotos werden die Tiere nach dem zoologischen System vorgestellt. So vermittelt das Buch einen Gesamteindruck über das Tierreich, ohne auf spannende und verblüffende Details zu verzichten. Ein Buch, das seine Leser zum Blättern, Lesen und Staunen verleiten wird.

Hans D. Dossenbach
Das Lexikon der Tiere
Ab 8 Jahren
280 Seiten mit mehr als 1450 Tieren und über
700 Farbfotos, 10 Airbrush-Illustrationen und Zeichnungen
ISBN 3-276-0117-9

»Ein wahrlich faunatisches Kaleidoskop dessen, was die Natur auf den Weg brachte, und schon ohne Erläuterung gerät man staunend ins Blättern.«
Die Zeit

ur ein Lexikon, sondern ein Schmuckstück unter den Tierbüchern.«
Kinderzeitschrift Wummy